EL CAMINO

DE LA

SABIDURÍA

Biblioteca
Jorge
Bucay

JORGE BUCAY

EL CAMINO DE LA SABIDURÍA

EL CAMINO DE SHIMRITI

OCEANO

EL CAMINO DE LA SABIDURÍA
El camino de Shimriti

© 2004, 2007, 2013, 2019, Jorge Bucay

© 2019, Del Nuevo Extremo, S.L.

Diseño de portada: Estudio Sagahón / Leonel Sagahón

D. R. © 2019, Editorial Océano de México, S.A. de C.V.
Homero 1500 - 402, Col. Polanco
Miguel Hidalgo, 11560, Ciudad de México
info@oceano.com.mx

Cuarta edición en Océano: mayo, 2019

ISBN: 978-607-527-897-1

Impreso en México / Printed in Mexico

A todos los que buscan...

y buscan...

y buscan...

Índice

Prólogo

Durante años dilaté mi proyecto de escribir acerca de aquello que hoy es para mí el único genuino "deber" que tenemos en la vida: la felicidad y, más que ella, nuestra "obligación" de luchar por ser felices. A fines de 2002 se terminó de imprimir en Argentina el último de los cuatro ensayos que formaban la colección Hojas de Ruta. En esa serie de libros yo intentaba desarrollar una especie de mapa de los cuatro caminos que considero imprescindible recorrer si uno pretende realizarse como persona, sabiendo que imprescindible no es lo mismo que suficiente. Caminos que son, de alguna manera, imprescindibles si queremos hacer que sea posible aprender a vivir felices.[1]

"La felicidad —escribí en el último de los caminos— no consiste en vivir en un estado de alegría permanente, sino en la sensación de serenidad que se obtiene cuando tenemos la certeza de estar en el camino correcto, es decir, en el camino que nos conduce hacia aquello que hemos elegido para darle sentido a nuestra vida."

Al entregar el original de *El camino de la felicidad* volví a sentir algo que ya había experimentado dieciocho años antes, en 1984. En efecto, cuando terminaba de darle la última lectura a los textos que luego constituirían mi primer libro publicado, *Cartas para Claudia*,[2] me había sorprendido esa misma sensación: la impresión de que no tenía nada más que decir.

Aquella vivencia —más agradable por cierto de lo que suena a primera vista— era la de haber puesto en el papel todo lo que yo sabía hasta ese momento; aunque a ella se le sumaba, en aquel entonces, el alivio de ver terminada una tarea que creía imposible: escribir un libro.

Esta segunda vez, la que siguió a las Hojas de Ruta, tenía, en cambio, la ambivalente sensación que nos trae llegar al final de una ruta trazada, y la suma no mejoraba el resultado: si éste era, en efecto, el último camino, de allí y en adelante, sólo quedaba repetirse.

Como decía, han pasado más de dos años desde que entregué ese libro y durante este descanso "del deber cumplido" he aprendido dos cosas importantes para mí.

Por un lado, me di cuenta de que escribir ya no es una tarea dura, como lo fue alguna vez; más bien es un placer y casi una necesidad. De hecho, me siento extraño cuando no me doy el tiempo de ir poniendo en el papel o en la computadora las cosas que se me ocurren, las que aprendo o las que descubro.

Por otro lado, aprendí que mucha gente —amigos y lectores, pacientes y colegas, familiares y hasta desconocidos— me pide (creo que con sinceridad) que siga escribiendo. Juran que les sirve lo que han leído y me lo agradecen.

Por estas dos razones, una propia y la otra también, una hedonista y la otra narcisista, ambas trascendentes y con toda seguridad no sólo por ellas, empecé a pensar en lo que podría haber después de la felicidad.

Y se me ocurrió que si bien la felicidad —deseo y deber de todos, como yo la defino— es la cima de la montaña, eso no significa que sea realmente el final del camino.

Sobre todo porque en estos meses me tropecé con esta frase sufí:

LA ILUMINACIÓN ES LLEGAR HASTA LA CIMA DE LA
MONTAÑA Y LUEGO SEGUIR SUBIENDO.

Seguir subiendo...

Habría que ser capaz de ver lo que no todos ven
para seguir, más allá de la cima...
Habría que ser sabio para iluminar ese sendero...
Aunque quizá...
habría que iluminarse para poder volverse sabio.

Y, entonces, me di cuenta de que había un camino que no estaba en los mapas trazados hasta hoy, un camino que no aparece en ninguna hoja de ruta, porque no es, como aquellos cuatro, imprescindible ni obligatorio, es nada más (y nada menos) que una posibilidad.

Y me alegré al saber que hay más, después de haber llegado a la cima.

Un nuevo proyecto llegó a mi cabeza y de allí a la pantalla de mi computadora: investigar sobre la sabiduría. Descubrir si ese nuevo camino, el del saber, era para todos los que quisieran recorrerlo o era sólo para aquellos elegidos: los inteligentes, los estudiosos, los trabajadores del intelecto, los místicos, los filósofos, los superdotados...

Quise y me propuse escribir la historia de un viaje imaginario.

UN RECORRIDO DESDE LA IGNORANCIA EN LA QUE TODOS
EMPEZAMOS, UNA Y OTRA VEZ, HACIA LA SABIDURÍA A LA
QUE NUNCA LLEGAREMOS, AUNQUE ESTEMOS CADA DÍA
MÁS CERCA.

En tus manos está el resultado de esa investigación. El papel protagonista de estos apuntes de viaje en tren es para una mujer que empezó en mi mente llamándose María, después Marta y que aparece en el libro con el nombre de Nitsa y que acaba con el nuevo nombre que le pone su maestro: Shimriti.

Así se llama la mujer que camina para volverse más sabia, y que en su recorrido nos lleva con ella por las vías del pensamiento de aquellos que se pensaron y definieron antes que nosotros.

Su nombre no es casual.

Surge de mi caprichosa combinación de dos palabras sánscritas: Shruti y Smirti.

En la India, la tradición nos cuenta que la totalidad del conocimiento fue transmitido oralmente por los dioses a los iniciados y, en adelante, trasladado de boca en boca hasta nosotros.

Casi todos los antiguos textos sagrados de los vedas comienzan diciendo: Shruti...

Shruti es, aun en sánscrito, una palabra lingüísticamente compleja, que podría traducirse como "esto escuchamos" o "esto nos fue dicho".

Los otros textos hindúes, los que no son referidos como de inspiración divina, aluden a la sabiduría de la gente, a los hechos concretos de las acciones correctas. La palabra que nos remite a estos otros conocimientos es *smirti* (que aproximadamente puede traducirse como "esto es lo que guardamos", "esto recordamos" o, más precisamente, "esto aprendimos y esto hicimos con ello").

La idea de mezclar estas dos palabras es un intento de establecer desde un principio que lo que vas a leer a continuación no es nuevo: ha sido dicho, cantado y escuchado por los que saben; ha sido, es y será escrito, leído y guardado en los libros sagrados y profanos de todas las culturas de Oriente y Occidente, de antes, de ahora y de después.

De todos los pensadores del pasado remoto, de aquellos y aquellas de la, un poco más cercana, Antigüedad y de todos los que en nuestro propio tiempo investigan, desarrollan y descubren es el mérito por cada idea de este libro.

De los contadores de cuentos de todas las épocas, que permitieron que las historias mágicas e iniciáticas llegaran hasta nosotros, es el encanto atemporal que nos aportan sus imágenes y metáforas.

Solamente mía la responsabilidad y el privilegio de intentar tender los puentes entre aquellas ideas y estos cuentos para ayudar a que seamos más, muchos más, los que comencemos este viaje.

La protagonista, Shimriti, nos invita, pues, desde su nombre a enfrentar nuestro último desafío: transitar las palabras de otros para ir en busca de la mayor de las sabidurías: conocerse a uno mismo.

Prólogo a la presente edición

Desde que apareció este libro hace ya diez años, titulado por entonces simplemente *Shimriti*, suscitó controvertidas respuestas. Aplausos, críticas, cuestionamientos y acusaciones jalonaron su historia, quizá como símbolo de la dureza del camino que nos lleva de la ignorancia a la sabiduría. Como única respuesta a ésos y aquéllas, incluí en el prólogo de su segunda edición un cuento que había escuchado de boca de una de mis más queridas maestras y después también en el discurso de uno de mis más empedernidos críticos. Una vieja parábola cuyo origen se pierde en el principio de los tiempos.

Había una vez una tortuga que vivía soñando.

Mientras arrastraba su pesado cuerpo a pocos centímetros del suelo, miraba hacia arriba e imaginaba lo bello que debía de ser ver la tierra desde el cielo.

¡Qué no daría ella por poder volar!

Sus amigas las gaviotas, oyentes eternas de sus sueños, vinieron un día con una propuesta:

—Amiga —le dijo una de ellas—, tú no tienes alas, nosotras sí... y tenemos además la fantasía de ayudarte a cumplir tu sueño.

—Tu pico es muy fuerte —dijo la otra—, traeremos una rama de un olmo y tú te sujetarás a ella mordiéndola con todas tus fuerzas... Si te animas a correr el riesgo, entre las dos levantaremos la rama sujetándola con las patas y te llevaremos a recorrer el cielo.

La tortuga abrió los ojos tanto como podía. ¿Sería posible?

Las gaviotas trajeron el palo. La pesada tortuga hincó los dientes en la rama con toda su fuerza y cerró los ojos.

Cuando los abrió, animada por el viento que bañaba su arrugada cara, no alcanzaba a creer lo que veía...

Allí, abajo, los campos sembrados, el río, los árboles, la tierra...

Los demás animales la vieron pasar.

Muchos sabían del sueño de la tortuga y aplaudieron emocionados.

Algunos se sorprendieron y quedaron fascinados por lo que veían.

Unos pocos se animaron a gritarle:

—¡Bravo, tortuga!

—Qué suerte...

—Cuéntanos qué se ve...

Otros se deshicieron en alabanzas:

—Qué lista la tortuga...

—Mira cómo se las ingenió para volar.

—Es un genio...

La tortuga escuchaba los halagos y hacía señas de que nada era mérito suyo, salvo aferrarse a ese palo. Señalaba con sus cortas patas a sus amigas, dándoles el crédito por su sueño cumplido.

Desde abajo, nadie entendía sus gestos.

Creían que saludaba, que agradecía o que por humildad cedía los vítores y aplausos a las aves.

Después de muchos intentos de explicación, la tortuga renunció a las señas y decidió que debía esperar a estar en tierra para contar lo que había sucedido.

"Mientras tanto", pensó la tortuga, "nada puedo hacer más que disfrutar de todos estos halagos, aunque sé que no me los merezco."

Volando, volando, las gaviotas llevaron a su amiga por la zona donde vivían las otras tortugas.

Éstas no parecían estar tan contentas.

—¿Cómo se le ocurre? —cuestionó una.

—Las tortugas no vuelan...

—¡Qué soberbia!

—¿Quién se cree que es?

La tortuga intentó explicar por señas que también ella estaba sorprendida por lo que le pasaba, que ella no se creía nada, que el destino había puesto en su camino esta oportunidad y que sus amigas...

—Y encima cómo se aprovecha de esas pobres aves —dijeron las que veían sus señas y no las entendían (o no querían entenderlas).

—Sí —agregaron otras—, se vale de ellas como si estuvieran a su servicio.

—Como si fueran sus esclavas. ¡Maldita cretina!

La tortuga trató de sobreponerse a las críticas y los insultos que consideraba injustos. Señalaba a sus amigas y agitaba sus brazos como diciendo que de ellas eran las alas y de ellas la decisión de llevarla por el cielo.

—Y encima se burla —dijeron las de abajo.

—¡Qué caradura!

—Es una estafadora. Ella no está volando, las otras la llevan.

Quizá mal acostumbrada por tantos halagos previos.

Quizá demasiado furiosa por las acusaciones.

Seguramente muy enojada por lo que sus congéneres decían de ella.

Quiso aclarar que no era así, que estaban equivocadas.

Quiso contestar a los insultos.

Quiso gritarles...

Y cuando sintió que ya no podía aguantar más la injusta herida de las palabras de las otras tortugas, no pudo contener su respuesta. Sin pensarlo, en un impulso, abrió la boca para decirles, para contestarles, para explicar, para defenderse...

Al hacerlo se soltó de la rama y cayó pesadamente a tierra.

Maltrecha y lastimada por el golpe de la caída, caminó el resto de su vida, cargando su pesada caparazón, muy cerca del suelo. El viaje había terminado...

¿Culpa de los insultos? No. Culpa de su reacción...

Con los años, algunos lectores fueron recorriendo sus contenidos y agrupándolos, en sus estantes y sus corazones, junto a los que habían recogido en las *Hojas de ruta*. Es así que poco a poco y sin haberlo planeado, estos textos se fueron volviendo un verdadero Quinto Camino, alineado con mis anteriores cuatro. Ciertamente me parece hoy que esa decisión era y es absolutamente coherente. Después de habernos descubierto autodependientes y de aprender a amar sin apegos, después de haber dejado partir lo que ya no está y de poder encontrar el propio sentido de la vida, después de sabernos felices, nos queda aún un desafío, quizás el más difícil, trabajar con nosotros mismos para volvernos más sabios. Hoy en esta nueva edición decidimos rendir honor a todos los que nos señalaron esa situación, llamando al libro *El camino de la sabiduría*, tal vez también para dar paso a lo que sería el sexto y último camino, el de la espiritualidad.

JORGE BUCAY

Introducción

Algunas experiencias de personas cercanas y el relato de muchos ajenos, han terminado por volverme más que escéptico respecto de las terapias deterministas que insisten en encontrar el porqué de nuestros males como metodología de trabajo. Prometen lo que no pueden cumplir: que hallar el oculto origen último de nuestras neurosis, aliviará definitivamente nuestro dolor.

No es menos cierto que también he aprendido a desconfiar (cada vez más) de las recetas mágicas y de los métodos de solución instantánea. Descreo de ellos con la misma vehemencia que mis colegas nutricionistas reniegan de los regímenes y tratamientos para adelgazar ultrarrápidos, desarrollados para conseguir resultados instantáneos.[3]

Cada día que pasa confirmo la verdad inapelable que se esconde en aquella aseveración que ya hice en *Cartas para Claudia* hace más de veinte años: "Una buena o una mala experiencia en psicoterapia tiene más que ver con el terapeuta, que con la escuela en la que éste milite".

Más allá de las infinitas diferencias metodológicas, la mayoría de los terapeutas, se definan humanistas o no, coincidirá conmigo en que nuestra tarea siempre fue (y debería seguir siendo) ayudar a quienes nos buscan a hacer uso de todo su potencial a la hora de enfrentar las dificultades y, por supuesto, a la hora de disfrutar de los buenos momentos de la vida.

El desafío de las tres C, como lo suelo llamar.

La búsqueda o el desarrollo en nuestra manera de interactuar con el mundo y en la forma de relacionarnos con nosotros mismos de:

Mayor **C**omprensión
Mayor **C**onciencia
y Mayor **C**ongruencia

La "psicología positiva", como la llama Martin Seligman, nos advierte a voces que nuestros pacientes, clientes o alumnos (como cada uno los quiera llamar), necesitan ser tratados como lo que son: hombres y mujeres comunes que cometen errores y que, con frecuencia, "se meten en líos".

Los adultos, los jóvenes y los ancianos que nos consultan pretenden ser asistidos porque están atascados en un conflicto entre diferentes aspectos de su propia identidad o porque sufren enfrentándose con los demás para intentar defender su especial manera de ser en el mundo. Nosotros, los "ayudadores profesionales", como me gusta llamar a los terapeutas, decimos y pensamos que tienen problemas consigo mismos, con sus parejas o en sus familias, y podemos animarnos a explicar esos problemas, pero está claro que no siempre es necesario ni adecuado tratarlos, por eso, como si estuvieran enfermos.[4]

Sin intentar ser un referente de nada, yo me doy cuenta de que he aprendido las cosas más importantes para mi desarrollo personal de lo que dejaron en mí una decena o un poco más de pacientes. No desprecio ni me olvido de lo mucho que aprendí de lo que me enseñaron algunos importantes y muy sabios maestros, pero jerarquizo a aquéllos porque en todo caso en su compañía pude confirmar que lo aprendido con éstos era cierto. Confirmé, por ejemplo, que la casi siempre ansiada meta de la autorrealización

no necesariamente está cerca por el solo hecho de llegar a sabernos felices; que sentirse feliz no es suficiente para considerarse
sabio y que posiblemente la felicidad, en sí, no tenga demasiado
que ver con la sabiduría (aunque sí al revés).

Felices o no, debemos emprender el camino en dirección a la
sabiduría, rumbo al redescubrimiento de las verdades últimas,
esas que no cambian demasiado, esas que han sido luz del conocimiento de todos los tiempos.

Y acompañarte en ese camino es el objetivo de estas palabras.

Recordando aquel conocido cuento sufí: si identificamos el saber con un fruto sabroso, podría decirte que este libro no ofrece
ninguna fruta ya masticada, tampoco nos acerca bandejas con
los frutos ya lavados y pelados y ni siquiera trae un mapa para llegar al sitio donde con seguridad crece la fruta deseada...

El propósito de lo que vas a leer es solamente reflejar el pensamiento de muchos hombres y mujeres cuya sabiduría servirá
para alentarnos a todos a seguir intentando encontrar el lugar
donde buscar.

Estos frutos, siguiendo la metáfora, nos darán, si las hallamos,
las claves de una vida mejor, capaz de saborearse, autorrealizada,
consciente, auténtica, trascendente y feliz.

Empiezo por dar una pista nada despreciable, por lo menos
para los que aún no se han dado cuenta de ella:

EL LUGAR QUE BUSCAS NO ESTÁ FUERA DE TI.

Un poco de historia

Viendo los grabados que reproducen los encuentros entre Platón y sus discípulos y leyendo en los textos clásicos sus conversaciones, uno no puede evitar pensar un poco irrespetuosamente, que reunirse a filosofar con el maestro era una forma "peculiar" de terapia de grupo (y no me animo a decir primitiva porque no quiero que nadie entienda ese término como peyorativo), un cierto proceso de apoyo de alguna manera terapéutico, didáctico, liberador y espiritual.

PARA PLATÓN SU PLÁTICA NO TRATABA SOLAMENTE DE
REPARTIR MÁS CONOCIMIENTO, SINO QUE INTENTABA
TAMBIÉN AYUDAR A SUS DISCÍPULOS A VOLVERSE CADA DÍA
MÁS SABIOS, PROMETIENDO IMPLÍCITA Y EXPLÍCITAMENTE
A TODOS QUE SUS VIDAS ACCEDERÍAN POR ESTE CAMINO
A UNA INSTANCIA SUPERIOR.

En aquel entonces, el sufrimiento era considerado una inevitable consecuencia de la ignorancia y por eso lógicamente se creía que el conocimiento profundo de la realidad y de sí mismo, significarían el pasaporte hacia una más saludable relación con uno mismo y con el mundo circundante. Así se estableció la impresión de lo sanador (o en términos más modernos "lo terapéutico") del saber y, por ende, la certeza de que el sabio encarnaba la demostración de que era posible realizarse como persona a través de la experiencia cotidiana y ser feliz en el mundo real.

Estos maestros y posiblemente todos sus herederos fueron portadores en cada época, de un conocimiento más evolucionado que el de la mayoría, y por eso aun estando ligados por definición a lo vivencial, sus planteamientos aparecían (y aún hoy aparecen) ante los ojos de algunos ámbitos más conservadores como ligados a cierta cuota de irracionalidad.

Platón intentaba con sus diálogos que la gente que lo escuchaba pudiera aceptar que en general vivía la mayor parte de su existencia en un mundo de sombras (encerrados en su metafórica caverna, viendo las sombras proyectadas en la pared como si tuvieran vida), cimentando desde Atenas las bases de una moral para el hombre de Occidente. Esto puede tener algo de sorprendente si pensamos que la voz de tanto conocimiento era la de Sócrates, que quizá nunca existió, y que todo fue dicho y escrito hace casi tres mil años.

Según la mayoría de los estudiosos, en la antigua Grecia el término *sophia* significó, en principio, una cierta habilidad para la acción o una disposición hacia la ejecución de una tarea considerada correcta. De ahí pasó a ser sinónimo de "arte" en general para posteriormente ir adquiriendo una connotación cada vez más racional.

Pitágoras fue el primero en enseñar que como el conocimiento pleno es inalcanzable, sólo nos queda la filo-sofía, el anhelo de sabiduría, el amor por ella, el arte de buscarla permanentemente. Así, el filósofo establecía normas de conducta para los que se interesaran en estas prácticas. Un aprendizaje cuyo principal objetivo era formar discípulos capaces de vivir mejor sus vidas, convertirse en parte del todo y explicar a otros esas mismas verdades relacionadas con aprender la manera en que la vida debe ser vivida.

En la India, en China y en Persia también se sostiene desde el principio, como en Atenas, la doble finalidad del conocimiento.

Por un lado, explicar hasta que no quedara duda toda realidad objetiva (que podríamos llamar, siguiendo a los griegos, "la física") y, por el otro, enseñar también, a través del entrenamiento, la elevación del espíritu y los valores de una vida virtuosa (que podríamos englobar dentro de lo meta-físico).

Como bien lo señala Mónica Cavallé en su libro *La sabiduría recobrada*, en aquella filosofía original, la división entre teoría y práctica, entre conocimiento y acción, carecía de sentido. Los filósofos enseñaban que una mente clara era sinónimo de liberación interior, disparador de una transformación profunda y motor del propio crecimiento. Un camino hacia la iluminación, el despertar, el pensamiento correcto o el pleno desarrollo de las personas. Una idea que sustituía el paradigma moral del héroe guerrero por el paradigma moral del sabio. Un proyecto de búsqueda que muchas veces la actualidad parece, a veces, haber olvidado.

> *Separar lo ético, lo científico y lo metafísico es un error gravísimo; como la historia contemporánea está demostrando trágicamente.*
>
> JUAN PABLO II

De lo mucho que aprendí en las clases de mi profesor de filosofía, el doctor Curtis, una de las más movilizantes fue darme cuenta de que la mayor parte de las verdades más "luminosas" aparecen, en nuestro camino, de la mano de personas simples. Hombres y mujeres, parecidos a ti y a mí, que atravesaron situaciones tan sencillas como las que forman parte de nuestra vida cotidiana, pero que supieron leer en sus tramas lo que necesitaban para volverse más y más sabios.

Para la mayoría de nosotros, occidentales condicionados y encorsetados por nuestra cultura judeocristiana, la relación entre el conocimiento profundo y la experiencia personal de apertura es difícil de establecer. Y esta limitación es, a la vez, causa y efecto de nuestro restringido acceso a la verdadera sabiduría y a la conexión entre sí de todos los sabios universales. Esta búsqueda múltiple se puede hacer según la experiencia de cada uno y a la propia manera de cada quien, pero es indudable que una gran ayuda podría ser, como nos propone el Dalai Lama, hacer la necesaria y nutriente conexión entre el pensamiento de Oriente y el de Occidente.

En lo personal, yo creo haber hecho mi intento a través del estudio de la utilidad del cuento como recurso didáctico y la exploración de su uso como herramienta de trabajo terapéutico.

Dentro de un par de meses, se cumplirán treinta y cuatro años desde aquel 23 de mayo en el que me gradué como médico en la Universidad de Buenos Aires y más de diez desde que descubrí la magia sanadora y acompañante de los cuentos (o la magia me descubrió a mí).

Desde entonces, todo mi trabajo como terapeuta y como docente se fue sincronizando con aquel aprendizaje de mis años como paciente, y terminó empujándome en una misma dirección: darme cuenta de que la búsqueda última del individuo es siempre y casi exclusivamente hacia su realización personal, un concepto íntimamente emparentado con la idea de ser feliz.

Todos aquellos que, con razón o sin ella, nos sentimos alguna vez incapaces de defender nuestro derecho de ser quienes somos, nos avergonzamos al no estar a la altura de lo que nosotros esperábamos de nosotros mismos.

Por eso nos duele cada vez que la vida, sin piedad, nos enfrenta con alguna de esas situaciones que nos obligan a tomar conciencia de nuestras limitaciones y carencias.

Por ejemplo, cuando el mundo parece obligarnos a *hacer valer nuestra libertad* (íntimamente relacionada con la responsabilidad del que elije lo que hace y dice).

Por ejemplo, cuando los hechos y las circunstancias nos exigen *entregarnos a la vida en plenitud* (en relación con la aceptación y el compromiso con nuestras elecciones).

Por ejemplo, cuando el entorno más cercano, nos fuerza a *poner límites a sus demandas* (como una manera de dar y exigir respeto al lugar y a las decisiones de cada quien).

Por ejemplo, cuando una situación nos empuja a *defender nuestras verdades últimas* (en el sentido de aquellos valores irrenunciables de cada uno, que determinan nuestra postura moral y ética).

Seguramente no es difícil darse cuenta de que para destrabar nuestro accionar efectivo podríamos necesitar ayuda, y no hace falta ningún razonamiento complejo para asumir que parte de esa ayuda bien podría encontrarse en la psicoterapia. Sin embargo, un poco después, muchos de los que recibimos esa ayuda nos dimos cuenta de que con la psicología no era suficiente. Nos dimos cuenta de que necesitábamos algo más. Precisábamos también del auxilio de la sabiduría. La "sabiduría perenne" en el sentido en que la definía Aldous Huxley.

Sería fácil prever el resultado de una encuesta en la que se le preguntara a los habitantes que leen y escriben en el planeta si están o no de acuerdo con incluir a estas dos materias, la psicología y la filosofía, en una lista de las disciplinas importantes para pensar en mejorar la calidad de vida de las personas. Estoy seguro que más de noventa por ciento de los encuestados estaría a favor de sumarlas a la hipotética lista. Sin embargo, en lo cotidiano nuestra sociedad cohabita en cada una de estas áreas con una serie de conflictos y cuestionamientos, que parecen esmerarse absurdamente para dificultar, con desvíos y contradicciones permanentes, el desarrollo de estas ciencias o, por lo menos, la decisión de poder ponerlas al servicio del desarrollo de la humanidad.

Con respecto a la psicología, el simple hecho de que existan *más de cuatrocientas cincuenta escuelas de psicoterapia* diferentes, parece hablarnos con claridad de la falta de coincidencia en la metodología de su búsqueda cuando no directamente de distintos objetivos en las ciencias de la conducta (aunque estas diferencias sean, como ya lo aclaré, nada más que aparentes). La ayuda psicológica que ofrece cualquier terapeuta honesto del mundo pretende nada más y nada menos que ayudar a quien lo escucha a manejar mejor sus recursos, naturales y aprendidos, para poder vivir mejor, para conocerse más y para ver más allá de lo inmediato.

EN OTRAS PALABRAS, TERAPIA ES AYUDAR A "PARIR"
PERSONAS ENTRENADAS EN EL USO DE LAS HERRAMIENTAS
NECESARIAS PARA APRENDER A TENDERSE MENOS
TRAMPAS, PARA CONSEGUIR NO CAER EN LAS QUE YA
EXISTEN, PARA DARSE CUENTA DE LAS QUE HOY LE ATRAPAN
Y LIBRARSE DE ELLAS.

En este aspecto la búsqueda filosófica de la sabiduría se le parece. Saber es también el resultado de un des-cubrir-nos (quitarnos todas las coberturas)...

En palabras de Gurdjieff:

Para poder vivir verdaderamente, hay que renacer.
Para renacer, primero hay que morir a lo anterior.
Y para poder morir, primero hay que despertar...

Este despertar de Gurdjieff no es el equivalente de la iluminación de los hindúes, ni es una revelación divina al uso de los esclarecidos de Occidente. Este despertar tiene más que ver con vivir comprometido en un mundo que cambia, sosteniendo verdades y valores que permanecen.

Ahora que escribo esto, me doy cuenta de que quizá empiezo a coincidir con todos los que aseguran que la pérdida del lugar de referencia que ocupaba la saburía no ha sucedido a causa de la falta de apetito por el saber, sino como consecuencia de un progresivo descompromiso de los hombres con sus vidas y con su futuro.

Nos lo señala Stanislav Grof (el padre de la terapia transpersonal):

La ciencia formal y su mejor aliada, la tecnología, se han constituido hoy por hoy en la fuerza dominante del mundo moderno occidental y eso determina que todo lo que se entiende como progreso y evolución debe estar cobijado bajo su sombra protectora o recibir la laica bendición de su aval.

Ciertamente, cuando así no sucede, todo conocimiento parecería obligado a permanecer en el descrédito de lo no confirmado, en la oscuridad de lo que pertenece a un pasado remoto (un tiempo al que se menosprecia considerándolo dominado por un supuesto infantilismo y una más que supuesta inmadurez).

Sin embargo, no siempre más información es más conocimiento.

Y como veremos después, no siempre más conocimiento es más sabiduría.

¿Conoces el cuento del campesino y el biólogo?

En un tren se encuentran sentados, uno frente a otro, un afamado biólogo, premiado internacionalmente, y un casi analfabeto campesino del lugar. El primero, con un impecable y formal traje gris oscuro; el otro, con unos gastados pero limpios calzones de campo. Rodeado de libros, el científico. Con un pequeño hatillo de ropa, el lugareño.

—¿Va a leer todos esos libros en este viaje? —pregunta el campesino.

—No, pero jamás viajo sin ellos —contesta el biólogo.

—¿Y cuándo los va a leer?

—Ya los he leído... Y más de una vez.

—¿Y no se acuerda?

—Me acuerdo de éstos y de muchos más...

—Qué barbaridad... ¿Y de qué tratan los libros?

—De animales...

—Qué suerte deben de tener sus vecinos, tener un veterinario cerca...

—No soy veterinario, soy biólogo.

—¡Ah...! ¿Y para qué sirve todo lo que sabe si no cura a los animales?

—Para saber más y más... Para saber más que nadie.

—¿Y eso para qué le sirve?

—Mira... Déjame que te lo muestre y, de paso, quizá, haga un poco más productivo este viaje. Supongamos que tú y yo hacemos una apuesta. Supongamos que por cada pregunta que yo te haga sobre animales y tú no sepas contestar, me dieras, digamos, un peso. Y supongamos que por cada pregunta que tú me hagas y sea yo el que no sabe contestar, te diera cien pesos... A pesar de lo desigual de la retribución económica, mi saber inclinaría la balanza a mi favor y al final del viaje yo habría ganado un poco de dinero.

El campesino piensa y piensa... Hace cuentas en la mente ayudándose con los dedos. Finalmente dice:

—¿Está seguro?

—Convencido —contesta el biólogo.

El hombre de los calzones mete la mano en su bolsillo y busca una moneda de un peso (el campesino nunca apuesta si no tiene con qué pagar).

—¿Yo primero? —dice el campesino.

—Adelante —contesta, confiado, el biólogo.

—¿Sobre animales?

—Sobre animales...

—A ver... ¿Cuál es el animal que tiene plumas, no pone huevos, al nacer tiene dos cabezas, se alimenta exclusivamente de hojas verdes y muere cuando le cortan la cola?

—¿Cómo? —pregunta el científico.

—Digo que cuál es el nombre del bicho que tiene plumas, no pone huevos, nace con dos cabezas, come hojas verdes y muere si le cortan la cola.

El científico se sorprende y hace un gesto de reflexión.

En silencio, enseguida se pone a buscar en su memoria la respuesta correcta...

Pasan los minutos.

Entonces se atreve a preguntar:

—¿Puedo usar mis libros?

—¡Claro! —contesta el campesino.

El hombre de ciencia empieza a abrir varios volúmenes sobre el asiento, busca en los índices, mira las ilustraciones, saca un papel y toma algunos apuntes. Luego baja del portaequipajes una maleta enorme y saca de ella tres gruesos y pesados libros que también consulta. Pasa un par de horas y el biólogo sigue revisando páginas y mirando y musitando mientras apunta extraños gráficos en su libreta.

El altavoz anuncia finalmente que el tren está entrando en la estación de destino. El biólogo acelera su búsqueda, transpirando un poco agitado, pero no tiene éxito. Cuando el tren aminora la marcha, el científico mete la mano en el bolsillo y saca un flamante billete de cien pesos y se lo entrega al campesino diciéndole:

—Usted ha ganado... Sírvase.

El campesino se pone de pie y, agarrando el billete, lo mira contento y lo guarda en su bolsillo.

—Muchas gracias —le dice. Y tomando su hatillo, se dispone a partir.

—Espere, espere —lo detiene el biólogo—, ¿cuál es ese animal?

—Ah... Yo tampoco lo sé... —dice el campesino. Y, metiendo la mano en el bolsillo, saca una moneda de un peso y se la da al científico diciendo:

—Aquí tiene un peso. Ha sido todo un placer conocerlo, señor...

NO SIEMPRE EL MÁS LEÍDO ES EL QUE MÁS SABE,
NO SIEMPRE EL MÁS INSTRUIDO ES EL MÁS CULTO,
NO SIEMPRE EL QUE TIENE MÁS INFORMACIÓN
ES EL QUE LLEVA LAS DE GANAR,
TAMBIÉN LA VIDA ENSEÑA... Y MUCHO.

Obviamente aquellos buscadores del saber que no recibieron la protección de la ciencia enciclopedista se dedicaron a una búsqueda más abierta, ajenos a lo que hacía la mayoría, basándose casi exclusivamente en su honesta percepción y en sus gloriosas o decepcionantes experiencias. Caminos empíricos llenos de ensayos y correcciones que luego la ciencia llamaría "alternativos"...

En medicina, muy especialmente los profesionales que trabajan con tratamientos de los llamados alternativos, se ganaron, por explorar nuevas técnicas y sobre todo por compartirlas en lenguaje llano y palabras poco "científicas", el calificativo de extraños y poco serios, cuando no el de marginales o peligrosos...

Hoy, sintiéndome un poco uno de ellos, reconozco que la mirada descalificadora llega a ser molesta, pero puedo asegurar con orgullo que de todas maneras vale la pena seguir en la propia búsqueda.

EL DESAFÍO DE NO ATARSE A LO CONOCIDO

Veamos un ejemplo, siguiendo la propuesta del *Tao de la física*.[5]

Debido a lo que aprendimos e incorporamos ya desde antes de llegar a la escuela, el universo es para cada uno de nosotros, occidentales y contemporáneos, una estructura sólida construida a partir de diferentes combinaciones de pequeños "ladrillos de un gigantesco rompecabezas" (los átomos elementales, como aprenderíamos después, indestructibles por definición).

Aunque ignoremos quién ha sido Isaac Newton, todos entendemos la realidad según el diseño mecanicista del brillante científico.

Se trata de unas cuantas leyes físicas y químicas, fijas e invariables, que condicionan lo que sucede en un espacio tridimensional y un tiempo que transcurre siempre igual desde el pasado hacia el futuro a través del presente.

Así considerado, el mundo podría describirse como una gigantesca máquina funcionando casi siempre con previsibles secuencias.

GIRO ESTA LLAVE HACIA LA IZQUIERDA Y SALE AGUA DEL GRIFO. LA GIRO A LA DERECHA Y, POR SUPUESTO, DEJA DE SALIR AGUA.

Con una concepción como ésta del universo, llena de cadenas de "causa y efecto", es lógico pensar que, si conociéramos todos los factores que operan en el presente, podríamos reconstruir con exactitud cualquier situación del pasado o predecir cualquier suceso futuro.

Esta dudosa aseveración que para muchos es la base de todo el conocimiento, para otros es una supina estupidez.

Cuando se les pide a los más pragmáticos que anticipen el futuro, siguiendo su lógica determinista, argumentan que eso es imposible "porque la complejidad del universo impide su verificación práctica, al impedir que tengamos a nuestra disposición la totalidad de las circunstancias presentes en un momento cualquiera".

Dicho de otra manera: esta piedra angular de la ciencia occidental es algo científicamente indemostrable... aunque misteriosamente esto no impida que se autoproclame "validadora" privilegiada y excluyente de todo lo que puede ser "demostrable" para la ciencia occidental.

Asombroso, ¿verdad que sí?

Los seres humanos tendemos a descartar con demasiada facilidad cualquier noticia que ponga en tela de juicio alguno de nuestros paradigmas dominantes. Y esto sucede en la ciencia tanto como sucede en la vida cotidiana.

Recuerdo que hace muchos años, una mañana de domingo, me desperté en mi cama en Buenos Aires. Mi esposa me había dejado el periódico en mi mesita de noche y había ido a preparar café para ambos. Sin pensar tomé mis lentes, prendí la luz y abrí el periódico. Entonces leí el titular a dos columnas. Decía en letras enormes:

PROHÍBEN EN RUSIA EL PARTIDO COMUNISTA

Lo volví a leer una o dos veces más y luego dejé el periódico en el suelo.

Me quité los lentes y apagué la luz. "Todavía estoy dormido —pensé—, qué sueño extraño..."

Y si bien era cierto que la noticia venía anticipándose en los hechos, para mí, con mi historia de estudiante de aquella universidad "progre" de los sesenta, esa frase atentaba contra un paradigma.

NUESTRAS TEORÍAS SE CONFUNDEN UNA Y OTRA VEZ CON LA REALIDAD. AUNQUE QUIZÁ SEA PEOR. QUIZÁ SEA NUESTRA VISIÓN LA QUE CONFUNDE LA REALIDAD PERCIBIDA, PARA CONSEGUIR QUE SE ACOMODE MEJOR A NUESTRAS TEORÍAS.

Cada científico está, aunque lo niegue, "de novio" con la manera en que su teoría interpreta y confirma su concepción y esquema de la realidad que estudia...

Y como todos los enamorados ve en su amada o amado la encarnación de todo lo mejor y verdadero. Es decir, "tiene puesta la camiseta" de la postura que más le conviene a su teoría de los hechos.

La relación entre lo que teóricamente se puede demostrar y lo que en realidad sucede evoca siempre el planteamiento de la diferencia que hay entre el mejor de los mapas y el verdadero territorio.[6] Volveremos a este tema cuando hablemos de la influencia en nuestra vida de la previa concepción del mundo, pero baste decir por el momento que confundir lo que quiero que sea con lo que es, representa por sí solo uno de los problemas más graves que tienen las ciencias; especialmente las que se dedican a comprender la conducta.

La persona que comete el error de someter su mirada a su concepción del mundo, terminará irremediablemente un día comiéndose la carta del menú en vez de la cena.

GREGORY BATESON

El auge y la difusión de la informática han nutrido, por supuesto, algunas líneas de interpretación de la conducta humana e influido gravemente algunas líneas teóricas o refundado otras.

Varias escuelas psicológicas (entre las que se podría citar a la llamada psicocibernética y a algunos fundamentalistas del conductismo ortodoxo) se han colgado de una decena de hallazgos, muy meritorios y útiles de las neurociencias, para empezar a sostener que *todos* los procesos mentales, pensamiento, emociones, intuiciones y demás son únicamente la expresión subjetiva de reacciones físico-químicas del organismo ante ciertas combinaciones aleatorias de estímulos.

Dice Stanislav Grof en una genial y humorística demostración por el absurdo:

La probabilidad de que la inteligencia humana haya alcanzado su estado actual solamente por procesos mecánicos aleatorios es más o menos igual a la probabilidad de que un huracán sople sobre un gigantesco depósito de chatarra y arme "por accidente" un jumbo 747.

Los teóricos deterministas no se ríen y nos explican: "Cada respuesta emocional no es más que un *subproducto de procesos cerebrales de causa-efecto*".

Y agregan, para más datos: *"Un sustrato mecánico específico* [las células del sistema nervioso central] que responde de una manera específica a un *código fisicoquímico de transmisión* [los receptores y los neurotransmisores]".

Acción y reacción.

Estímulo y respuesta.

Una predecible cuestión de *inputs* y *outputs*...

La postura es nueva; la tendencia reduccionista, no.

Debido a esta costumbre, que heredamos y prolongamos, de intentar esquematizar desmedidamente nuestra capacidad de respuesta, se nos hace difícil aceptar nuevas perspectivas, nuevos planteamientos o nuevas ideas para las mismas cosas.

Tristemente, cualquiera que se anime a sostener algo diferente de lo mayoritariamente aceptado como verdad axiomática (en cualquier área), deberá por fuerza prepararse para soportar que la sociedad del orden preestablecido y de las instituciones confiables lo desprecie, lo acuse de bueno para nada, lo culpe de promover el caos y, algunas veces, hasta lo tilde de violento, subversivo o enfermo mental.

Recuerda la triste historia de Galileo Galilei, y acompáñame en la vergüenza de pertenecer de alguna forma a una sociedad capaz de esas y otras atrocidades.

LAS MUCHAS CARAS DE UNA MONEDA

Una simple moneda en tu mano puede ser descrita como un trozo de metal, un cilindro chato, dinero, una mercancía, un disco de cobre o níquel o un proyectil.

Todos los puntos de vista son correctos aunque parciales...

Todas estas definiciones son aceptables...

Lo son, claro, siempre y cuando cada punto de vista no aparezca enunciado comenzando la frase con estas palabras: "Una moneda es nada más que...".

El hombre, al igual que un poliedro de infinitas caras, es mucho más que cualquiera de ellas y algo muy diferente que la simple suma de todas.

Un biólogo británico llamado Rupert Sheldrake, experto además en la físico-química orgánica, expone en su libro *La nueva ciencia de la vida* una teoría muy provocativa para explicar nuestros desvíos cientificistas. Dice que nos ocupamos demasiado del aspecto cuantitativo de la respuesta humana al estímulo externo, pero prácticamente ignoramos los aspectos cualitativos de la conducta. Y eso es un gran error, sostiene Sheldrake, dado que es en la calidad, el color y la forma donde las respuestas son verdaderamente diferentes en cada individuo.

ES CIERTO QUE MUCHOS ASPECTOS BIOLÓGICOS
FUNCIONAN DE ACUERDO CON LOS PRINCIPIOS DE LA
FÍSICA Y DE LA QUÍMICA PERO ESO NO ES SUFICIENTE PARA
DEDUCIR QUE UN ORGANISMO VIVO SEA UNA MÁQUINA NI
PRUEBA QUE LA CONDUCTA SEA UNA MERA RESPUESTA A
CAMBIOS HORMONALES O DE NEUROTRANSMISORES.

El brillante ejemplo que el científico nos da y que yo humildemente agradezco, se podría resumir más o menos así:

Imagínese que alguien de otro planeta, que no sabe nada sobre aparatos de radio, ve uno al llegar a la Tierra y se queda encantado con la música que sale de él.

Pensará con toda lógica que la música que procede del interior del aparato es el resultado de alguna interacción entre sus elementos. Ha descartado a simple vista que la música no pude venir del exterior porque él no ve entrar ningún cable ni conexión al aparato. Para demostrar que la música no viene, que ya está ahí, explicaría, en un alarde de creatividad científico-investigadora que "ha comprobado que el aparato pesa lo mismo encendido que apagado".

Si ahora pensara en llevarse a su planeta esta maravillosa tecnología, intentaría construir un aparato igual. Conseguiría las piezas, los interruptores, la caja, los cristales de silicio, los hilos de cobre y demás, y después de varios intentos armaría la réplica de la radio, que después de probar exitosamente en la Tierra, llevaría orgulloso a su planeta.
Una vez allí escribiría para la posteridad:

"He comprendido perfectamente esta cosa y he construido un aparato idéntico a los de la Tierra. No puedo explicarme todavía por qué ahora no sale la música."

Alguien podrá asegurar, de aquí hasta el infinito, que el amor, la lealtad o la solidaridad, que la compasión y la amistad son, como los describe en Estados Unidos el *Journal of Psychotherapy*: "Meros mecanismos de defensa del yo herido o culposo".

Uno puede entender lo que dicen y hasta en qué se basan para asegurarlo, es verdad..., pero ¿cómo explicar entonces que transformados en valores estas emociones se vuelvan motivaciones tan fuertes para algunos de nosotros, tan importantes como para vivir por ellas o tan esenciales como para morir por ellas?

Explicado por la vía de la ciencia mecanicista la conducta de las personas, resultará muchas veces, absurda; otras tantas ridícula, y otras más por lo menos sorprendente.

El ejemplo más famoso del desconcertante desarrollo de la conducta no se estudió en humanos, sino en simios, en lo que se denominó "el fenómeno del centésimo mono".[7]

Una joven mona japonesa, de nombre Kika, de la especie *Macaca fuscata* vivía en la isla Koshima. Una mañana Kika desarrolló espontáneamente una conducta sin antecedentes entre los monos de su especie: descubrió por accidente que las batatas que los cuidadores dejaban en la playa, cubiertas de arena, mejoraban mucho su sabor al lavarlas y remojándolas en el río. La mona repitió y enseñó a sus hijas esta nueva conducta y posiblemente éstas la transmitieron a las hembras más próximas. Los observadores de los simios se limitaron a registrar el fenómeno sin influir en él de ninguna forma. Llegó un momento en el que cien de las doscientas monas que habitaban la isla se habían habituado a lavar las batatas. Hasta aquí, nada raro.

Lo extraño sucedió cuando los observadores descubrieron que la misma conducta apareció en las hembras que vivían en islas cercanas sin que ningún simio hubiera tenido la más remota posibilidad de transmitir el aprendizaje.

El experimento, repetido luego cientos de veces, demostró que si una cantidad determinada de miembros de una especie desarrolla ciertas propiedades o aprende cierto comportamiento, éstas serán adquiridas por otros miembros de la especie aunque no existan formas convencionales de contacto entre ellos.

Si a cualquier persona, sea o no un científico, se le preguntara en la intimidad cómo podría explicar este fenómeno... debería contestar (si es honesta) que no lo sabe.

Pero, como bien señala Sheldrake, no poder explicar un hallazgo repetible, mesurable y producible (esto es, científicamente verídico) no debería desacreditar al científico ni a la observación. En todo caso debería servir solamente para alentarlo a continuar su búsqueda, sabiendo que, antes o después, la explicación aparecerá.

No se trata, como es usual en estos tiempos de laxa moral aun en la ciencia, de dar "cualquier explicación" cuando algo no tiene explicación alguna.

EL DESCUBRIMIENTO DE LA VERDAD ES INEVITABLE.
UNO PUEDE TRATAR DE ESCONDERLA, PUEDE INTENTAR
NEGARLA, PUEDE DURANTE UN PEQUEÑO MOMENTO
DISIMULARLA CON ALGÚN ASTUTO DISFRAZ O DETRÁS DE
UNA GRAN PANTALLA; PERO TARDE O TEMPRANO, COMO
UN BARRIL LLENO DE AIRE ESCONDIDO DEBAJO DEL AGUA,
LA VERDAD AFLORA, OBLIGÁNDONOS A RECONOCERLA,
A REVISAR LOS DATOS, A CUESTIONAR LO DESCUBIERTO,
A REORDENAR LOS HALLAZGOS Y A REINTERPRETAR
LOS HECHOS...

"La mentira tiene patas cortas", decía mi abuela, muy lejos de estas disquisiciones casi epistemológicas, pero significando la misma cosa.

Y esto incluye a todos los intencionados engaños seudocientíficos, dirigidos a embaucar a los que ponen dinero para las investigaciones, y también a los mitos científicos que por siglos se toman como verdaderos hasta que la ciencia demuestra su falsedad.

Hace unos años la ciencia sufrió una seria interpelación cuando Fritjof Capra[8] y otros empezaron a contarnos más y más sobre la física cuántica.

Sus postulados funcionaron y siguen funcionando como un cuestionamiento rotundo de todo lo que la ciencia vigente daba por incuestionablemente cierto.

El mito de la materia sólida e indestructible, su dogma central, se desintegraba bajo el impacto de las pruebas teóricas y experimentales que demostraron que el sustrato de la materia es noventa y ocho por ciento de... ¡nada! ¡Agujeros vacíos!

CIENCIA, ESPIRITUALIDAD Y TECNOLOGÍA

No pretendo desde aquí cuestionar la importancia de la ciencia ni la del conocimiento; reconozco y agradezco que en casi todas las grandes ciudades de Occidente, la tecnología y la ciencia se empeñan en ponerse al servicio de cuatro grandes y nobles tareas:

- La lucha contra las enfermedades.
- La prolongación de la vida.
- La lucha contra la pobreza y el hambre.
- El aumento del confort.

Lo hacen por medio de aventuras tan osadas como la bioingeniería médica o y la experimentación farmacológica y a través de caminos más tortuosos como innovadoras recetas sociales globalizadas, políticas económicas impuestas, carreras espaciales y hasta amenazas nucleares.

No obstante el esmero podemos comprobar fácilmente que en estas mismas ciudades crecen los índices de los trastornos psíquicos, alcoholismo, suicidios, crimen y violencia. La ciencia tecnocrática (casi sin excepciones) ha hecho bastante poco por ayudar al hombre a alcanzar su realización personal, su satisfacción emocional o su serenidad espiritual (y tal vez hasta haya colaborado sin querer a producir muchos de los males que hoy nos aquejan).

No sirve de nada un cerebro sin corazón.
No vale mucho un corazón sin cerebro.

En Oriente, en cambio, señala Capra, los individuos reciben desde pequeños un increíble bagaje de herramientas espirituales. Muchos son naturalmente capaces en su madurez de conocer y experimentar libremente sus emociones y de resolver sin dificultad sus problemas existenciales. Pero por otro lado, la mayoría de aquellos países, carentes de todo avance y recursos materiales y tecnológicos, no ha conseguido solucionar los urgentes problemas prácticos de la vida cotidiana (como el del agua potable, la mortalidad infantil o las comunicaciones deficientes). Todo su progreso espiritual no ha alcanzado para mejorar ni siquiera un poco las condiciones sociales o sanitarias de la mayoría de sus habitantes. (Según datos de la UNICEF, el salario de ochenta y cinco por ciento de la población de Oriente no llega a pagar el costo diario de una comida suficiente y nutritiva, no puede vivir bajo un techo digno ni tiene acceso a una asistencia médica mínima.)

Los grandes pensadores, filósofos e investigadores contemporáneos, así como los nuevos gurús (sin menosprecio) del pensamiento científico, coinciden en afirmar que se está dando una alentadora aproximación entre Oriente y Occidente. Una síntesis de lo antiguo (el yoga, el budismo zen, el taoísmo, la cábala judía, el misticismo) y lo más moderno de la ciencia. Esta situación que califican de "inevitable e irreversible", y yo encuentro a veces en pañales y otras postergada *ad infinitum* por las diferencias socioeconómicas y los enfrentamientos bélicos, tendrá, nos aseguran, profundas y positivas consecuencias en un mediano plazo, sobre la vida de todos.

El hombre y sus mitos

Todos hemos nacido en la ignorancia.

EL HOMBRE CONTRA LA CULTURA

Hay una idea que aparece de forma recurrente en el análisis de casi todos los pensadores de todas las épocas, y que se materializa en una pregunta, aún sin respuesta consensuada:

¿EN QUÉ MEDIDA NUESTRA EDUCACIÓN, QUE POR SUPUESTO
INCLUYE TODO LO QUE APRENDEMOS Y CREEMOS,
ACTÚA COMO INCENTIVO PARA NUESTRO PROPIO
DESARROLLO Y EN QUÉ MEDIDA ACTÚA COMO UN FRENO,
UN LÍMITE, UN SUTIL O FEROZ IMPEDIMENTO?

Dicho de otra manera, sin eufemismos: ¿la cultura ayuda a crecer a los pueblos o los endurece atándolos a pautas anacrónicas?

Dado que, como dije, no parece haber una respuesta definitiva y excluyente a esta cuestión, sólo nos queda buscarla, y para hacerlo vale la pena empezar por el principio.

Y la idea de principio de todo, se asocia para mí, irrevocablemente, con el momento de la creación.

EL MITO Y SUS PROBLEMAS

Cada pueblo, a lo largo de los tiempos, ha establecido en forma particular sus mitos y sus leyendas, los cuales, nos enseña Allan Watts, siempre tienen mucho que decir del pueblo que los narra. Así, la historia de Moisés dice mucho del pueblo judío y la historia de Jesús dice mucho del pueblo cristiano.

Cada héroe, cada mito, cada leyenda nos describe a aquellos hombres idolatrados, pero también nos habla sobre los pueblos que los crearon, de la tradición de los países donde vivieron, de la gente contra la que lucharon.

Los mitos no solamente cuentan quiénes fuimos sino también, y sobre todo, quiénes somos hoy, en qué podemos transformarnos y por qué.

Partiendo de lo dicho, podemos estar seguros de que los mitos que portamos como sociedad y las leyendas de la propia cultura dicen mucho más de lo que creemos acerca del hombre, acerca de cada uno de nosotros y acerca de la humanidad como un todo.

En Occidente, la historia bíblica de la creación del mundo es una explicación mítica más o menos lógica de cómo empezó todo; y habida cuenta de la ya enunciada importante influencia de nuestras creencias ancestrales, conocer este relato (de referencia bíblica y, por ende, de supuesta revelación divina) debería servirnos para entender cómo funcionan algunas cosas que damos por sentadas y comprender por qué algunas ideas condicionan tan desmedidamente nuestra conducta.

El mito de la Creación

La primera cuestión notable que aparece, a poco de investigar, es que, a diferencia de otras culturas, la nuestra (comúnmente llamada occidental y judeocristiana) sostiene la idea de un universo hecho desde la nada por una fuerza creadora omnipotente.

Permítame relatarle más o menos lo sucedido (según el relato bíblico), en términos coloquiales:

Dios (en adelante y con el mayor respeto "el Jefe") decide en un momento determinado (¿estaría aburrido?) hacer, sin materia prima, el mundo y el resto del universo en el que vivimos.

Así, según el Génesis, Dios hizo los mares y la Tierra, separó la luz de las tinieblas, creó todos los animales y los vegetales, y el sexto día se dedicó a su más complicada y, según dicen algunos, su más perfecta obra: el hombre.

Si lo consideramos en función de la influencia del mito, está claro que sobrellevamos desde el principio un peso muy particular y condicionante. El de creer que todas las cosas fueron hechas desde la nada por el poder superior de un Dios, de "nuestro Dios". Pese a lo que algún distraído pudiera pensar, éste no es un tema menor, más allá de que cada uno pueda tomar esta historia metafóricamente o considerarla en forma literal y más acá de que algunos puedan creer o no en este Dios creador omnipotente. Sobre todo porque la "historia" mítica, modela nuestras creencias y nos influye, más allá de todo y aun por debajo de nuestro nivel de conciencia, a la hora de decidir como van las cosas en el universo, como trazar un plan de acción o un proyecto y qué hacer frente a una dificultad o un imprevisto.

El mito nos dice desde el principio:

LAS COSAS... SE HACEN.

Es decir todo lo que existe llegó a ser porque alguien o algo lo hizo tal y como es, creándolo desde lo que no era.

Y esto significa que, aunque sea desde la nada, como Dios, hay que hacer las cosas; hay que crearlas, producirlas, inventarlas.

Ahondando en el significado, está claro que se parte de la idea de que siempre debe haber, como advierte el primer mensaje del mito, una transición de lo que "no es" a lo que "es" y que una acción concreta es la que produce ese nacimiento de lo nuevo.

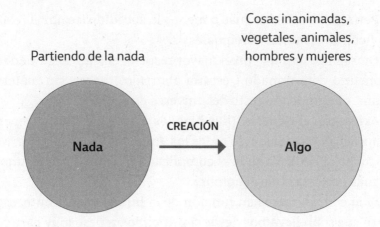

Si algo no ha sido creado, no es... y posiblemente nunca sea.

Dicho así, esta idea parece algo obvia, porque ¿de qué otra manera podría ser?

Investigando, encontramos otras culturas donde el mundo y todo lo que contiene, las cosas, los cielos y la Tierra, todo, incluido el hombre, no son justamente planteados como creados desde la nada.

En el Lejano Oriente, por ejemplo, todo lo que existe es siempre producto de un devenir de algo anterior que se ha transformado.

Lo que era de una manera pasó a ser de otra: esto devino en aquello, que fue la causa directa de eso otro, que por supuesto motivó lo que siguió después, y así *ad infinitum*:

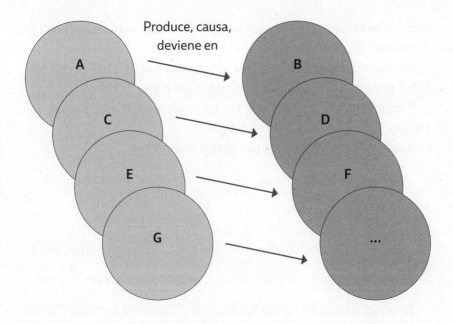

A diferencia del mito judeocristiano de la Creación, Oriente vive en un universo donde las cosas nunca fueron "hechas", construidas ni inventadas, y mucho menos desde la nada, ya que siempre provienen de algo anterior, de algo que ya estaba.

D viene de C, C proviene de B y B, como es lógico, de A.

Si preguntaras de dónde viene A, un oriental te diría que viene de algo anterior... y si insistieras preguntando qué pasará al llegar a la Z, quizá te responda que Z, muy posiblemente, conduzca nuevamente a A.

La sola diferencia entre estos mitos es uno de los motivos, si no el fundamental, por lo menos uno importante, del ya comentado abismo entre el pensamiento de Oriente y el de Occidente.

A casi todos los que vivimos de este lado del mundo, condicionados por nuestra educación, nos cuesta renunciar a la idea de ser los que producimos el cambio. Nos sentimos obligados a hacer y complacidos de creer que fabricamos cosas desde la nada.

Los orientales, en cambio, con otra serenidad y convencidos de que están haciendo todo lo posible por no interrumpir el devenir, pueden esperar a que ese algo suceda sin necesidad de ser los que activamente intervienen en que se produzca.

Les cuesta decidirse a iniciar el proceso y actuar sobre esa realidad para modificarla a su conveniencia o a la de todos.

A nosotros nos cuesta aceptar su pasividad; y a ellos, por supuesto, les molesta nuestra urgencia.

Estamos condicionados por mitos diferentes.

El mito de lo que somos

El mito de la creación judeocristiano continúa con la creación de Adán:

Entonces Jehová Dios formó al hombre del polvo de la tierra (Génesis 2:7).

Según la Biblia, a su imagen y semejanza.

Y otra vez, más allá de que la Biblia sea un relato fiel a los hechos o una representación simbólica, el mito condiciona la conducta de todos y lleva implícito un mensaje que, al no ser explícito, es incuestionable.

Jehová Dios formó, pues, de la tierra toda bestia del campo, y toda ave de los cielos, y las trajo a Adán para que viese cómo las había de llamar; y todo lo que Adán llamó a los animales vivientes, ése es su nombre (Génesis 2:19).

Dice la Biblia que Dios crea a Adán para apropiarse de la creación, o sea: ser el Amo. Le pide a Adán que les ponga nombre a los animales y a las cosas.

Los terapeutas sabemos mejor que nadie que sólo se puede tener dominio y control sobre aquellas cosas a las que se puede nombrar. Las cosas innombrables son entidades que uno no puede manejar y menos aún tener bajo control. Y esto se aplica a ese texto y a todo lo cotidiano. En relación con nuestros sentimientos, sólo si puedo nombrar un hecho puedo actuar sobre él. Desde la lingüística, una de las demostraciones de lo inmanejable de la muerte de un hijo es que ni siquiera hay una palabra para nombrar a un padre que ha pasado por este dolor. No tengo control sobre lo que me es imposible nombrar.

Entonces, Dios ve que el hombre está solo y dice textualmente:

Y dijo Jehová Dios: No es bueno que el hombre esté solo; le haré ayuda idónea para él (Génesis 2:18).

Entonces Dios hizo caer en un sueño profundo a Adán, y mientras éste dormía, tomó una de sus costillas, y cerró la carne en su lugar.

Y de la costilla que Jehová Dios tomó del hombre, hizo una mujer, y la trajo al hombre (Génesis 2:21-22).

Esta historia sugiere con toda claridad una intención de establecer una supuesta superioridad del hombre con respecto a la mujer, por antigüedad y por poder.

Y no sólo es así aquí, sino a lo largo de todo el Génesis.

Por ejemplo, para bien o para mal, la mujer es lo único que no fue creado a partir de la nada, sólo por la voluntad de Dios. La mujer fue creada desde otro ser vivo, desde el hombre, a cuyo deseo y aporte, se sugiere, debe su existencia.

Puede que no sea cierto, pero yo no dejo de entrever en todo el relato la simiente de una actitud machista y originaria de la dependencia femenina que, como veremos, confirmará el libro sagrado más adelante.

Cuenta el mito que Adán y Eva vivían en el Paraíso, donde tenían acceso a todo lo que necesitaban. No padecían ni frío ni hambre ni sed ni carencia alguna.

Según la Biblia, todo les estaba procurado:

Y Jehová Dios hizo nacer de la tierra todo árbol delicioso a la vista, y bueno para comer; también el árbol de vida en medio del huerto, y el árbol de la ciencia del bien y del mal (Génesis 2:9).

Y mandó Jehová Dios al hombre, diciendo: De todo árbol del huerto podrás comer; mas del árbol de la ciencia del bien y del mal no comerás; porque el día que de él comieres, ciertamente morirás (Génesis 2:16-17).

De todos los frutos que había en el jardín podían comer, menos del árbol del bien y del mal.

Es de suponer que Adán y Eva la estaban pasando muy bien. Vivían una vida literalmente paradisiaca, hasta que, un día, la serpiente se encuentra con Eva y le dice:

—¿Has visto qué fruta más hermosa hay aquí? —señalándole el fruto del bien y del mal.

Y Eva le responde:

—Sí, muy hermosa, pero me parece que está prohibida. El Jefe no quiere...

Y la mujer respondió a la serpiente:

Del fruto de los árboles del huerto podemos comer; pero del fruto del árbol que está en medio del huerto dijo Dios: No comeréis de él, ni le tocaréis, para que no muráis (Génesis, 3:2-3).

La serpiente preguntó:

—¿Tú sabes por qué Dios no quiere que comas el fruto de este árbol?

Ante el desconocimiento de Eva, la serpiente continuó:

Entonces la serpiente dijo a la mujer: No moriréis; sino que sabe Dios que el día que comáis de él, serán abiertos vuestros ojos, y seréis como Dios, sabiendo el bien y el mal (Génesis 3:4-5).

Eva dice:

—Ah... —y mirando el fruto comenta—: Parece rico, ¿no?

Y vio la mujer que el árbol era bueno para comer, y que era agradable a los ojos, y árbol codiciable para alcanzar la sabiduría; y tomó de su fruto, y comió; y dio también a su marido, el cual comió así como ella (Génesis 3:6).

Eva toma el fruto, que, como la Biblia dice, es muy tentador, y se lo come. Ella se da cuenta de que es bueno y que no ha muerto. Entonces llama a Adán y le invita a comer también.

El hombre accede al fin y come del fruto prohibido.

Cuando comen se dan cuenta, sólo entonces, de que están desnudos.

Entonces fueron abiertos los ojos de ambos, y conocieron que estaban desnudos; entonces cosieron hojas de higuera, y se hicieron delantales (Génesis 3:7).

Avergonzados (¿de qué?), se fabrican prendas con hojas de higuera.

Al escuchar que el Jefe llega al jardín, se esconden. Y Dios pregunta:

—Adán, ¿dónde estás?

Adán contesta:

—Sentí tu voz y me escondí porque estaba desnudo.

Dios le dice:

—¿Y?

—Y nada, me dio vergüenza —contesta Adán.

Dios dice:

Y Dios dijo: ¿Quién te enseñó que estabas desnudo? ¿Has comido del árbol de que yo te mandé que no comieses?

Y el hombre respondió: La mujer que me diste por compañera me dio del árbol, y yo comí (Génesis 3:11-12).

O sea, Adán dice:

—La culpa es tuya... y de ella.

Dios entonces interroga a Eva:

—Tú comiste y le diste a Adán del fruto prohibido, ¿por qué has hecho eso?

Ella dice:

—La serpiente me convenció.

Dios se enfada y condena a la serpiente a vivir arrastrándose sobre su vientre y comiendo polvo toda su vida.

A la mujer dijo: Multiplicaré en gran manera los dolores en tus preñeces; con dolor darás a luz los hijos; y tu deseo será para tu marido, y él se enseñoreará de ti (Génesis 3:16).

Vimos anteriormente que la mujer, al ser creada a partir del hombre, estaba expuesta a una situación de dependencia; ahora el hecho de que se le someta al hombre implica una dependencia total.

El mito establece no una simple sino una doble dependencia de la mujer respecto del hombre.

La condena para el hombre es también doble:

Con el sudor de tu rostro comerás el pan hasta que vuelvas a la tierra, porque de ella fuiste tomado; pues polvo eres, y al polvo volverás (Génesis 3:19).

Que en buen romance quiere decir: "Entérate, te vas a morir".

No conforme con ello, el Jefe los destierra del Paraíso.

Y lo sacó Jehová del huerto del Edén, para que labrase la tierra de que fue tomado (Génesis 3:23).

La historia sigue de manera bastante interesante.

Adán y Eva salen del Paraíso, expulsados, ya no con el taparrabos de hojas, porque parece que fuera del Paraíso hacía frío, sino con un traje de piel que el Jefe les hace.

Salen, pues, del Paraíso con el conocimiento del bien y del mal. Y entonces, con ese nuevo saber, hacen lo único que se les ocurre:

Conoció Adán a su mujer Eva... (Génesis 4:1).

Por primera vez en su historia, al comenzar el cuarto capítulo, se "conocen", como dice la Biblia (tienen relaciones sexuales). De este encuentro y conocimiento mutuo se engendran Caín y Abel, los dos primeros hijos de la pareja.

Historia conocida.

Y aconteció andando el tiempo, que Caín trajo del fruto de la tierra una ofrenda a Jehová. Y Abel trajo también de los primogénitos de sus ovejas, de lo más gordo de ellas. Y miró Jehová con agrado a Abel y a su ofrenda; pero no miró con agrado a Caín y a la ofrenda suya. Y se ensañó Caín en gran manera, y decayó su semblante (Génesis 4:3-5).

Dios no miró con agrado la ofrenda de Caín... problemas en puerta.

Y dijo Caín a su hermano Abel: Salgamos al campo. Y aconteció que estando ellos en el campo, Caín se levantó contra su hermano Abel, y lo mató (Génesis 4:8).

Un día, el Jefe pregunta (digo yo: un jefe raro éste, ¿no? Todo lo pregunta, como si no supiera...):

Y Jehová dijo a Caín: ¿Dónde está Abel tu hermano? Y él respondió: No sé. ¿Soy yo acaso guarda de mi hermano? Y él le dijo: ¿Qué has hecho? La voz de la sangre de tu hermano clama a mí desde la tierra (Génesis 4:9-10).

Obviamente el Jefe sabe que Caín ha matado a su hermano y lo maldice:

Cuando labres la tierra, no te volverá a dar su fuerza; errante y extranjero serás en la tierra (Génesis 4:12).

Caín acepta su castigo lleno de culpa, pero también lleno de miedo.

Y dijo Caín a Jehová: Grande es mi castigo para ser soportado. He aquí me echas hoy de la tierra, y de tu presencia me esconderé, y seré errante y extranjero en la tierra; y sucederá que cualquiera que me hallare, me matará. Y le respondió Jehová: Ciertamente cualquiera que matare a Caín, siete veces será castigado. Entonces Jehová puso señal en Caín, para que no lo matase cualquiera que le hallara (Génesis 4:13-15).

El Jefe hace saber que quien lo lastime responderá ante Él.
Caín es, pues, un intocable al cual nadie puede lastimar.
Así continuó viviendo hasta los novecientos y tantos años, eso sí, siempre maldito de Dios...

Hasta aquí la historia, extractada un poco irreverente pero fiel al relato original.

Dada la importancia de este relato y sus ya comentadas consecuencias en la determinación de nuestra identidad, actitud y creencias, se me plantea cada vez que llego hasta aquí una pregunta que hoy me gustaría compartir.

A Caín... el primer asesino... el fratricida, Dios lo maldice, pero no lo toca.

Es más, ante su miedo de ser atacado lo protege ¡para que nadie lo mate!

Su castigo fundamental es alejarlo de los demás...

No soy quién para juzgar, pero no me parece mal.

El cuestionamiento empieza con los otros.

Esos otros dos, pobres santitos, Adán y Eva...

Por comer de un arbolito los condena a muerte, a trabajar el resto de su vida, a ser uno esclavo del otro.

Pido perdón y pregunto: ¿qué clase de Dios es éste?

En todo caso, parece un Dios raro, ¿no?

En todo caso, actúa (otra vez sin pretender juzgar) un tanto injustamente.

Uno puede dar la respuesta fácil de siempre diciendo: "El Jefe sabe. Si lo hace por algo será". Y debe de ser cierto, pero no podemos ser tan displicentes, ni siquiera con Él.

Siempre creí que encontrar una mejor respuesta que la condescendencia sumisa podría ayudar a comprendernos y a conocernos más. Sólo después del análisis y la digerida aceptación del mito de nuestro origen, podremos sentirnos a gusto siendo quienes somos y formando parte de esta cultura. Vale recordar que este relato, por ser el del principio —más allá de la fe— debe ser el que mejor relata los principios y la manera en que se ha formado nuestra cultura, el que demuestra cómo se sostiene nuestra sociedad.

Tenemos que dilucidar este misterio porque, además, si una vez planteado, no somos capaces de resolver el enigma al que apunta la contradicción y cuestionamiento, nos quedaremos con una imagen desacreditada o incomprensible de Dios, nos volveremos una sociedad atea en sentido literal o, peor aún, seremos eternamente una sociedad que vive en dependencia absoluta de un ser al que concibe como un maniático, un sádico perverso, un caprichoso insensato que hace lo que quiere con nosotros y que lo que quiere ni siquiera es para nuestro cuidado.

Y aclaro que la idea de vivir en un mundo donde no hay ninguna justicia, ni siquiera por parte del Jefe, es verdaderamente muy difícil de soportar...

No puede ser así.

Vamos un poco más allá:

Si Dios no quería que el hombre comiera del árbol, ¿para qué lo puso?

¿Es esto, otra vez, una actitud sádica?

Pongo un árbol para que no comas, ¡y encima lo pongo con guirnaldas y luces de colores! Lo pongo en el centro, no sólo para diferenciarlo bien de los demás árboles, sino también para que no puedas evitar tropezarte con él.

¿Por qué poner la tentación tan a la mano? ¿Por qué tanto interés en que Adán se acuerde cada día, cuando come del árbol de la vida, que de ese otro árbol no puede comer?

Como si esto fuera poco cuestionamiento, agreguemos que debemos darnos cuenta de que Dios, todopoderoso, omnisciente, debía saber todo lo que iba a pasar...

¿O tal vez no lo sabía?

Esto, una vez más, es insostenible.

Admitamos, en ventaja de nuestra relación con Él, que colocó el árbol allí ex profeso para tentarlos, como símbolo de su libre albedrío y/o para poner a prueba su fidelidad, sabiendo que fracasarían...

Está bien. Pero, entonces, ¿por qué instaura un castigo más grave y doloroso que el que decide después para el que mata a su hermano?

La verdad es que esto deja nuevamente muchas dudas.

El intento de respuesta, ése de pensar que Dios quería que hagamos uso del libre albedrío para elegir la obediencia, no parece suficiente, por lo menos no desde este análisis. Me pone un árbol especial al lado de otro también especial, en el propio centro del Paraíso; me dice que el segundo está prohibido y lo hace tentador. Y de paso yo me pregunto: ¿lo hace tentador para hacer más evidente que está prohibido o me lo prohíbe y con eso consigue hacerlo aún más tentador?[9]

Otra vez extraigo la idea de un Dios imposible, un Dios perverso que inventa un fruto especialmente tentador para prohibírmelo después y castigarme gravemente si desobedezco su orden de no caer en la tentación.

Y todavía hay algo más.

En el jardín del Edén había dos árboles, "el de la vida" y "el del bien y el mal".

Este último, el censurado, daba conocimiento sobre lo que está bien y sobre lo que está mal. Ahora pregunto: si Adán y Eva no habían comido aún el fruto, ¿cómo podían saber que desobedecer estaba mal? ¿Cómo puede el hombre elegir entre el bien y el mal sin saber nada sobre uno ni otro?

Desde esta perspectiva, que descarto desde el inicio, el Jefe no sólo es un sádico perverso, también un emblema de la injusticia institucionalizada y de la falta de derecho a la defensa.

Otra vez esta idea loca de la creación no se sostiene.

Deberemos buscar una mejor salida a nuestros problemas ya que, de lo contrario, en nuestra cultura quedará establecido como norma este comportamiento autoritario y caprichoso.

CONDICIONADOS CONSCIENTE O SUBCONSCIENTEMENTE HEMOS CRECIDO EN ESTE MITO. NOS HEMOS QUEDADO CON LA IDEA DE QUE HAY UN PARAÍSO QUE SE PIERDE, POR NO OBEDECER. UNA SUGERENCIA DE QUE VOLVERÁ A PASAR, SI NO HACEMOS CASO. LA CERTEZA DE QUE HAY UN GRAVE CASTIGO AL PECADO DE DESAFIAR UNA PROHIBICIÓN.

Esto es lo que se enseña día a día en las casas, en las escuelas, en la calle, y es la base de nuestra educación moral. Es lo que nos esforzamos prolijamente en transmitir a nuestros hijos. Una y otra vez les decimos que si son buenos y obedecen les ocurrirá todo lo bueno; en cambio, si no obedecen, les sucederán muchas cosas malas. Y para que no les queden dudas creamos castigos efectivos capaces de demostrarles que somos para ellos la prolongación del todopoderoso Dios.

Por última vez.

¿Es éste el gran mito, el relato de una injusticia divina, sostenida con valores de autoritarismo y venganza explícitos con los que sería imposible concordar? ¿Por qué es más grave el episodio de Adán y Eva que el de Caín? ¿Por qué se castiga más la desobediencia que el crimen? ¿Por qué casi se perdona a Caín, que sabe que está haciendo algo malo, y no a sus progenitores, que no saben que están desobedeciendo, aunque se enteren al hacerlo?

Respecto de la segunda historia, la del fratricidio, puedo encontrar una explicación, aunque sea humana, para esclarecer un misterio divino.

Dejemos claro que cuando el primer crimen sucede, el Jefe no había hecho explícita —ni a Caín ni a nadie— la prohibición de matar.

Ese pecado, el del asesinato, no era entonces la transgresión de ninguna norma pautada. Podríamos pensar que, por lo tanto, Caín podía no tener conciencia de estar haciendo algo censurable (concedámosle el beneficio de la duda), aun cuando hubiera heredado de sus padres el ser consciente de la diferencia entre el bien y el mal.

De hecho, ésta sí es una diferencia a favor de Caín si lo comparamos con el pecado del fruto prohibido. En aquel caso, Dios sí había avisado a sus primeros inquilinos de que no podían probar del fruto de ese árbol.

Pero quiero detenerme en una diferencia más.

Quiero poner el acento en lo que para mí es la gran diferencia. Al darse cuenta de su falta, cuando el Jefe lo increpa, Caín baja la cabeza avergonzado. En cambio, Adán primero y Eva después, lo que hacen es intentar negar su responsabilidad. Adán hasta intenta responsabilizar al propio Dios en persona por su transgresión (...*la mujer que tú me diste*).

¿Por qué no pensar entonces, que quizá esté aquí y no en la injusticia de los castigos comparados, el verdadero aprendizaje que el mito debe mostrar.

Pensemos, pues, en la probabilidad de que la expulsión del Paraíso no haya sido consecuencia de caer en la tentación, sino de otra falta, quizá más grave:

LA DE NO HABER ACEPTADO LA RESPONSABILIDAD
POR LO HECHO.

Agrego, teniendo ya el conocimiento del bien y del mal:

ESTE DIOS QUE PROPONGO Y QUE CREO MÁS SENSATO,
MÁS JUSTO Y MÁS COMPRENSIBLE, NO CASTIGA LA
DESOBEDIENCIA EN SÍ —COMO HEMOS VISTO HASTA AHORA
Y COMO ESTAMOS ACOSTUMBRADOS A PENSAR— SINO EL
HECHO DE NO HACERSE RESPONSABLE DE DESOBEDECER...

Paraíso ganado

Todos podemos llegar a ser sabios.

Acompáñame ahora a recorrer una historia de biblio-ficción.

Desarrollemos una alternativa a la historia relatada siguiendo la idea de Harold Kushner, y miremos el mito desde su nueva perspectiva.

En esta versión, que bien podrían haber filmado Fellini, Almodóvar o Woody Allen, el mito original se modifica en el momento en que Eva se encuentra con la serpiente.

El ofidio en efecto tienta a la mujer para que coma del fruto prohibido, pero ahora Eva le dice:

—No. El fruto es tentador, pero está prohibido. Dios lo mandó así.

La serpiente, astuta y seductora, intenta convencerla con la teoría del miedo del Jefe a que los humanos se vuelvan dioses.

Pero Eva contesta cortésmente:

—No, gracias.

Y sigue su camino por el Paraíso, de lo más campante...

Maravilloso, ¿verdad? Beso y medalla para Eva (aunque no tenga-mos dónde prenderle la medalla).

¿Qué pasaría después?

En esta versión, en la que Eva no come del fruto prohibido, tampoco pide a su compañero que coma.

Y cuando aparece el Jefe (que ya sabe lo que pasó porque en esta versión Dios pregunta poco o, por lo menos, no pregunta lo que ya sabe), los premia.

¿Y cuál es el premio?

Los dos pueden quedarse eternamente en el Paraíso comien-do del árbol de la vida y de todos los demás, menos de uno, dis-frutando del clima ideal, el alimento superabundante, la paz y la bendición de no tener que trabajar ni pensar en la muerte.

Todo bien.

Muy bien.

Divinamente bien.

Dos angelitos, ellos...

Les daremos premios, frutos más sabrosos y palmaditas en la espalda...

Eso sí: ¡de hacer el amor ni hablemos!

¿Cómo que no?

¡NO!

Recordemos que la sexualidad aparece sólo fuera del Paraíso, des-de la conciencia del deseo, al darse cuenta de la desnudez propia y ajena, que vino añadida al conocimiento del mal (o del bien).

En esta historia alternativa, de Adán y Eva premiados en el Pa-raíso, Adán, por supuesto, nunca aprenderá a usar un arado ni nada que se le parezca, porque no hay necesidad: todo es absolu-tamente perfecto y él se pasa los días saltando, caminando y es-cuchando a los pajaritos...

Eva no ha conocido los dolores de parto, ya que ni siquiera ha tenido la oportunidad de conocer los placeres del sexo.

Ambos viven eternamente... Y sin exigencias.

Eternamente satisfechos, estériles, solitarios e inmortales.

Y aún más.

Los hombres y mujeres de los que descendemos son, supuestamente, y según el mito bíblico el resultado generacional de la natural cadena de procreación sucesiva que comienza en aquellos primeros padres... Adán y Eva.

Por lo tanto, si ellos nunca se hubieran "conocido"...

Ningún tipo de forma humana hubiera existido además de ellos, ninguna posibilidad de que alguien los acompañe, ningún descendiente, nada...

De la humanidad, cero.

Y de nosotros... obviamente... Nada de nada.

Es decir... ¿Si Eva no hubiese desobedecido hubiera sido ésta, la otra historia?

¿Debemos pensar entonces, que al final, hemos tenido suerte?

Voto que sí.

LA PRIMERA MUJER FUE LA MAYOR RESPONSABLE DE LIBRARSE A SÍ MISMA Y A SU HOMBRE DEL PREVISIBLE ABURRIMIENTO Y DE TODAS LAS LIMITACIONES DEL PARAÍSO ETERNO, Y SALVÓ POR AÑADIDURA A TODA LA HUMANIDAD DE SU INEXISTENCIA.

Parece evidente para mí, después de este análisis tan poco ortodoxo, que el mito bíblico, tal como llegó a nosotros, tiene algo que decirnos, un hecho revelador sobre el cual pretende llamar nuestra atención:

LA HUMANIDAD EXISTE PORQUE A ALGUIEN SE LE OCURRIÓ, ALGUNA VEZ TRANSGREDIR UNA NORMA,

CUESTIONAR UN MANDATO,

DESCONFIAR DE UNA PALABRA

Y DESOBEDECER UNA REGLA...

LA BENDICIÓN DEL CASTIGO

Nuestra historia cultural, al igual que la personal, nos da a elegir entre la tranquilidad, la comodidad inmóvil de la obediencia o la inquietud de dejar de obedecer, de arriesgarse a transgredir y, a partir de ahí, luchar para conquistar el libre albedrío.

La libertad se conquista, como bien sugiere la Biblia, después de atreverse a saber sobre el bien y el mal. Y a este conocimiento, parece decir el mito, no se accede si antes no nos atrevemos a rebelarnos a lo preestablecido.

El libre albedrío, aunque parezca una herejía, empieza fuera del Paraíso.

Seguramente algunos podrán creer que no considerar "un castigo" la expulsión del Paraíso es una idea por lo menos peligrosa o que amenaza algún fundamento de nuestra fe... Yo creo todo lo contrario.

Interpretada la historia de esta nueva manera, puede verse la expulsión más como una oportunidad y una liberación que como una venganza divina, y desde allí Dios dejar de aparecer como un todopoderoso salvaje vengativo y rencoroso para volverse un brillante y amoroso estratega (aunque ahora que lo escribo me doy cuenta de que esto quizá le parezca a otros más que amenazador...).

Sigo mi camino y vuelvo al tema: ¿cuáles fueron los castigos para Adán y Eva, más allá de la expulsión?

Trabajar para ganarse el pan.
Depender de las decisiones de otro.
Parir con dolor.
Morir.

Imaginemos la voz de un padre o una madre diciéndole a su hijo estas mismas cosas en nuestras propias palabras:

Si no obedeces, no podrás seguir siendo un mantenido, un protegido, un bebé; si quieres tomar decisiones, tendrás que trabajar para poder comprar con tus propios recursos lo que desees.

Si no obedeces sin chistar lo que se te manda, nada te será fácil; en cambio, si decides obedecer sin cuestionar, podrás tener todo lo que necesitas. Si desobedeces... ¡Arréglatelas como puedas!

De todas maneras, ahora que no estaré siempre para protegerte, porque también yo voy a morir, es bueno que sepas que no eres autosuficiente, que siempre va a haber otro cuya decisión influirá sobre tu vida, en el presente y en el futuro.

Para una mujer, parir con dolor significa, tanto real como simbólicamente, muchas cosas; pero si leemos la frase con mente amplia y metafórica, podremos llevar más lejos su interpretación:

Nada de lo que crees y nada de lo que generes te va a ser gratuito, tus decisiones siempre involucrarán a otros con quienes tendrás que aprender a convivir, desde tu nacimiento hasta tu muerte.

Ahora todo empieza a tener un nuevo sentido...

La salida del Paraíso está llena de avisos.

Señales metafóricas de aprendizaje, mucho más que de castigos.

ESTOS "CASTIGOS" NO SON MÁS QUE LA SINCERA ADVERTENCIA DE LO QUE ES LA VIDA FUERA DEL PARAÍSO, SIN DEPENDER DE NADIE, SIENDO SIEMPRE TÚ, EL MAYOR RESPONSABLE DE LO QUE TE PASE.

De hecho, estas sanciones se parecen demasiado a todo aquello por lo cual he trabajado toda mi vida como terapeuta. No hay ningún castigo.

Sostengo ahora, después de lo dicho que Dios, hasta ese momento al menos..., estuvo muy bien.

La fantasía de la Creación es maravillosa...

Y la Biblia, vista como una metáfora, podría mostrar la historia de la evolución humana, si podemos leerla de otra forma, si podemos verla con otros ojos.

Gracias a este "castigo", nosotros existimos.

Gracias a este "castigo", la humanidad progresa y así sigue creciendo...

El mito de la Creación, más allá de la idea del Dios creador y omnipotente, es la historia de lo que somos.

EXPULSADOS DEL PARAÍSO, APARECEN TODAS
LAS DIFICULTADES QUE NOS HARÁN CRECER.
APARECEN LOS OBSTÁCULOS...
Y ÉSTE ES EL PRECIO DE LA LIBERTAD.
AHORA FUERA DEL PARAÍSO TODO DEPENDE DE TI,
INCLUSO EN ALGUNA MEDIDA LA VIDA DE TU HERMANO.

No suena bien, pero no está mal...

Aunque ahora, reconciliado un poco con el Jefe me animo a un último cuestionamiento. Me es difícil tolerar la idea de un Dios que le dice a Adán que, por haber comido del árbol, debe saber que de polvo es y al polvo volverá, es decir, que morirá.

Parece ser una condena a muerte.

¿Lo será?

Puede ser...

¿De qué otra forma se puede leer la condena?

"Debes saber que morirás"

¿Es una condena a muerte?

¿O es otra vez una advertencia?

La conquista de la conciencia de que algún día vamos a morir.

Podríamos pensar que el mero hecho de que nuestra vida no sea infinita, es el hecho inmodificable de que no viviremos para siempre.

Pero si es así, de todas maneras, no parece un gran castigo. Puestos a elegir, ¿quién en su sano juicio elegiría la inmortalidad?

Evidentemente lo único penoso de este episodio es la conciencia absoluta de nuestra finitud y eso, por supuesto, no es un castigo, es un despertar.

Citar por citar, voy a citar a mi hijo.

Cuando tenía cinco años, un día me sentó en su cama y me dijo: "¿Sabes, papi? Dios... ¡es un capo!".

Bateson decía...

No podemos percibir el mundo, sólo podemos apoyarnos en la interpretación que hacemos de él. El mundo no es como nosotros lo percibimos, sino que sólo habitamos el mapa que construimos. Vivimos nuestra vida en concordancia y sintonía con ese mapa y no con el mundo verdadero.

En esta lectura, que propongo de la mano de otros, nuestro progreso y crecimiento dependen de la desobediencia. Pero está claro, cada uno debe decidir cómo interpreta la historia de la creación.

Podemos
trazar un recorrido donde se establezca que desobedecer o transgredir siempre tiene consecuencias nefastas...
o por qué no
trazar un recorrido donde atrevernos a lo nuevo, de vez en cuando, sea un punto de partida de cosas mayores y mejores.

Podemos
vivir pensando que dejarnos caer en la tentación de aquello que nos atrae terminará dañándonos.

o por qué no
pensar que quien traspasa una regla determinada siempre llegará más lejos que el que nunca se planteó la posibilidad de hacer algo diferente, no del todo avalado por la sociedad que lo antecede.

Podemos
ciertamente, recorrer el camino con seguridad aprovechando el mapa que los demás trazaron antes.

o por qué no
arriesgarnos a transitar los caminos nuevos porque tienen más posibilidades de aportar nuevas respuestas y experiencias diferentes.

En este recorrido hacia la sabiduría, mi propuesta es revisar nuestras creencias e ideas para tratar de cambiar el mapa que hasta hoy nos limitaba; explorar las costumbres heredadas y atrevernos a cambiarlas si de verdad ya no nos sirven.

EL DRAGÓN DE LA CULTURA

Todos sabemos que el ser humano nace y se desarrolla en el seno de una cultura determinada. Lo hemos escuchado, lo hemos repetido y lo hemos aprendido.

Y aunque en general solemos usar la palabra *cultura* parece referirnos al conjunto de creencias o costumbres que caracterizan a los habitantes de determinado territorio o a los individuos de una etnia o tiempo específicos (cultura española, argentina, occidental, contemporánea, etcétera) hay otro sentido para la palabra, el referido al conjunto de conocimientos que el hombre por sí mismo ha cosechado o adquirido (como cuando decimos: "es un hombre culto"). Y lo más interesante es que ese desarrollo del cual hablo es verdadero en ambos sentidos y significados: la sociedad (cultura) está configurada por la suma de conocimientos y costumbres (cultura), pero también impone al individuo ciertos conocimientos y costumbres (a cuya totalidad llamamos también cultura).

Darnos cuenta de que la cultura nos carga de cosas y ser capaces de cuestionar sus fundamentos sin necesidad de enojarse, sin tomar la decisión de volverse anarquista y, sobre todo, sin salir a pegarle una patada al primer congénere que se nos cruce, es ya un paso adelante en nuestra evolución. Yo llamo a este paso, "el principio del camino hacia la desobediencia creadora".

Para intentar ahondar en el mecanismo de la imposición de ideas y conceptos antes de reaccionar contra ellos, retomo las palabras de Nietzsche, quien en el siguiente texto nos ilustra sobre el gran villano (la cárcel sociocultural) y sobre cómo funciona:

Hay muchas cosas pesadas para el espíritu,
pero él es muy fuerte y paciente,
quiere pelear con el gran dragón
hasta conseguir la victoria.

¿Quién es el dragón,
al que el espíritu no quiere seguir llamando señor?

"Tú debes" se llama... Y le cierra el paso.

Ante él dice "Yo quiero", el espíritu libre...

"Todos los valores ya han sido creados.
no puede haber ningún *Yo quiero.*"
Así habla el dragón.

Pero el espíritu quiere hacer su voluntad.
entonces... se decide...
y conquista el mundo.

El dragón de Nietzsche representa todos los aspectos que de negativo tiene lo que hemos estado llamando "cultura": la suma de
normas socialmente aceptadas y estipuladas, cuya armadura
está constituida por valores más o menos aceptados por todos y
que se establecen como definitivos e incuestionables.

Llegado este punto uno siempre se pregunta: ¿y cómo llegan
estas normas a ser incuestionables? Es decir, ¿cómo llegan a ser
valores de referencia?

Una respuesta posible es que llegan a ser tales a fuerza del há-
bito y la costumbre, de la repetición y la persecución, de la amenaza y el castigo.

Llegan a nuestra vida disfrazados a veces de reglas de sana con-
vivencia y otras veces de buenos modales, de la mano de la familia
y la escuela, de la policía y la justicia, de los hospitales y los gobier-
nos. Las grandes instituciones establecen y diseminan esos valores
que son impuestos a los individuos y luego transmitidos por ellos,
para bien y para mal, a sus hijos, familiares, vecinos, amigos...

Quizá sea inevitable terminar dándole toda la razón a Krishnamurti cuando afirma:

Cuanto más civilizados nos volvemos,
menos libertad hay.

Aunque esto sea totalmente contradictorio con lo que todos
sabemos, creemos.

Aunque defendemos que un mayor conocimiento acompaña una mayor libertad.

Aunque recitemos de memoria aquello de que "sólo la verdad os hará libres"...

¿En qué quedamos?

El dragón del "tú debes" tiene atemorizada a una gran parte de la sociedad.

Les promete su protección a cambio de su obediencia no cuestionante.

La comunidad se reprime, se limita y se encierra hasta que abandona toda expresión de creatividad para reemplazarlos poco a poco por comportamientos automáticos, estandarizados, manejables y previsibles.

La llave es darse cuenta de que en realidad no es igual civilización que conocimiento, no es lo mismo educación que cultura, nada tiene que ver la enseñanza con la represión, ni la crítica con la exclusión. Aunque todos estos conceptos se nutran permanentemente unos de los otros.

En su libro *Vigilar y castigar*, el filósofo francés Michel Foucault habla de la manera en que la sociedad impone las reglas y condena a aquéllos que no se adaptan a ellas.

Si en la Antigüedad el "raro" era excluido, nos dice, ahora es "disciplinado". Es decir, se le discrimina sin echarlo, intentando rectificarlo, corregirlo, encaminarlo. La sociedad practica así una especie de "ortopedia" sobre el individuo descarriado que debe convertirse en un "hombre recto", según lo que la mayoría cree que "está bien".

Foucault destinó la mayor parte de su obra a desenmascarar la hipocresía de ciertas instituciones y sus estrategias, denunciando con valor e insuperable claridad las tácticas y manipulaciones de dominación que la sociedad ejerce sobre nosotros para sostener los mencionados "tú debes".

Dice Foucault que lo que yace como fundamento de la imposición social es siempre una lucha por el poder. Como ciudadanos, ejercemos poder, reconducimos poder, lo engrandecemos y perfeccionamos.

EL HOMBRE SUFRE EL PODER Y LO EJERCE.

Michel Foucault ilustra su libro con varios grabados, entre ellos el de Andry, en el cual aparece una recta estaca que simboliza la ley social, y una cuerda que sujeta un árbol a ella, impidiendo que se desarrolle libremente, alejándolo de la instructiva equivocación de su anárquico crecimiento.

La vara tutora de Nicholas Andry simboliza las normas a las que hay que someterse, pero también sugiere que la estaca que ha sido clavada, como tutor, puede arrancarse. El problema es que nos hemos acostumbrado a la soga y nos hemos reclinado en la estaca. Estamos como el elefante encadenado del cuento, creyendo que no podemos lo que alguna vez no pudimos, y nos resignamos a ello.

PUEDE PARECER QUE NOS HARÍA FALTA UNA FUERZA DESCOMUNAL PARA EMPEZAR A LIBERARNOS DE ESTAS ATADURAS; SIN EMBARGO, CUALQUIER HOMBRE O MUJER QUE COMPRENDA QUE ESTÁ EN CONDICIONES DE DECIR "NO" A LA OPRESIÓN Y AL CONTROL, PUEDE DESHACERSE DE LAS SOGAS QUE LO CONDENAN Y EMPEZAR A CRECER SEGÚN SU PROPIO RUMBO.

Esta decisión es el primer paso.

TENER O SER

Hoy por hoy, miles de jóvenes asumen cada día, como verdades y valores, individuales o colectivos, las pautas establecidas y transmitidas por algunos de los creativos de las agencias publicitarias que manejan "las grandes cuentas" o por muchos compositores de música "pasatista", que en el fondo, y quizá con todo derecho, sólo pretenden vender sus productos en ese mercado cada vez mayor. Lo único censurable quizá sea que esta promoción termine haciéndose no pocas veces a costa de rimbombantes declamaciones de principios demasiado dudosos.

TODO SE AGRAVA CUANDO LOS QUE DECIDEN POR
OTROS, LOS QUE MANDAN, LOS QUE VENDEN
Y LOS QUE COMPRAN, LOS QUE EDUCAN Y LOS QUE LEGISLAN
NO ASUMEN LA RESPONSABILIDAD QUE SOCIALMENTE
LES CABE Y ENTONCES ENSALZAN, DEMANDAN,
VALORAN Y PREMIAN MUCHO MÁS LA CAPACIDAD DE
PRODUCIR Y ACUMULAR BIENES QUE LAS CUALIDADES
SOCIALES O ESPIRITUALES, TRANSFORMÁNDONOS A
TODOS EN CÓMPLICES DE UNA FALTA DE VALORES DE LA
QUE PARADÓJICAMENTE TAMBIÉN SOMOS VÍCTIMAS
PREFERENCIALES.

Para comprender lo infructuoso de esta desesperada búsqueda de saciedad, vale la pena pensar en aquello que Erich Fromm describe como "el fallido intento de llegar a Ser a través de Tener".

Dice Fromm que la sociedad postindustrial le prometió al hombre que sería feliz y se sentiría realizado si conseguía tener el dinero suficiente para hacerse de las posesiones que siempre había deseado y de las que deseara en el futuro. Le aseguró que para poder conquistar el Ser debía tomar conciencia de la necesidad de hacer lo que había que hacer, pero que nadie puede Hacer si no tiene con qué. El esquema quedaba por lo tanto muy claro:

Pero el tiempo demostró que la sociedad de consumo había mentido.

La felicidad nunca se hizo presente, apenas un cierto placer vanidoso al compararse con los que menos tenían; pero la realización personal no sólo nunca apareció, sino que fue desdibujando su importancia para el hombre moderno.

La relación entre estos tres factores es, como lo señala Fromm, verdadera, sólo que la dirección de sus flechas conduce al hombre hacia abajo, hacia lo más oscuro de sí, hacia su anclaje a lo material y vano.

Pero fíjate qué interesante, si sólo invertimos el orden de aparición de los factores, si redimensionamos el valor de cada uno de estos verbos. Si empezamos desde abajo, quizá podamos descubrir la elevación, la luz, la autorrealización, y como regalo impensado también la prosperidad (que tal vez no sea solamente material).

Hay un cura en Argentina, en la provincia de Córdoba, que yo amo y admiro, se llama Mamerto Menapace. A él le escuché decir que los ricos tienen efectivamente una gran ventaja sobre los pobres, porque ellos saben que con el dinero no alcanza...

Pero este descubrimiento lleva tiempo.
Quizá más de una generación.
Quizá, como dice mi amigo Brian Weiss, varias vidas.

Mi abuelo, llegado a Argentina desde Siria a principios del siglo XX, casi analfabeto y seguramente condicionado por su recuerdo del hambre y la miseria que había vivido en Damasco, su ciudad natal, me contó este cuento una tarde, cuando le dije a los diez años que yo quería ser maestro de escuela de frontera. No me lo contó con estas palabras y posiblemente tampoco con este sentido, pero así lo cuento yo, de vez en cuando, para mostrar a algunos dónde perdieron el camino.

Aquel viajero incansable, científico, explorador y místico, llegó casi sin saber cómo a una misteriosa caverna escondida detrás de una cascada en mitad de una nunca recorrida selva. Al entrar el viento que soplaba entre las salientes parecía una música que lo invitaba a entrar. Y era más que una sensación, porque al llegar a la caverna central aparecieron ante sus ojos unos jeroglíficos grabados en la piedra.

El explorador consiguió con poco esfuerzo descifrar el mensaje.

Decía:

BIENVENIDO MISTERIOSO VIAJERO.

ÉSTE ES EL TEMPLO OCULTO DE LA DIOSA XIMELIA.

LA DIOSA TIENE UN REGALO PARA OFRECER.

AVANZA Y TE ENCONTRARÁS UN COFRE.

SOBRE ÉL, UNA TALLA DE LA MANO DE XIMELIA.

APOYA TU PALMA EN LA HUELLA DE LA SUYA

Y SI ERES MERECEDOR DE ELLO,

EL PREMIO SERÁ TUYO.

El viajero avanzó sin miedo hasta encontrar el cofre y con convicción apoyó su mano en la talla. Se escuchó un rechinar de viejos engranajes y la tapa del arca se abrió ante sus ojos.

Una voz, que salía no se sabía de dónde, le habló en su idioma.

—Oh, ignoto viajero. Eres el elegido. Tuyo es el premio de Ximelia. Como verás hay en el arcón tres anillos. Cada uno de ellos tiene un poder maravilloso y cada uno de ellos neutraliza al ser usado el poder de los otros. Debes escoger...

El viajero miró los tres anillos exhibidos ante sus ojos. Cada uno con una enorme piedra de color engarzada en oro y platino.

—El anillo rojo —siguió la voz— te concederá la juventud, el amor y la sexualidad infinitas. No habrá nadie que te vea y no caiga a tus pies si tú lo deseas, no habrá tiempo para tu placer que será infinito, no habrá envejecimiento ni enfermedad salvo si tú lo quieres... El anillo amarillo te concederá infinitas riquezas, todos los bienes terrenales que desees, todo el dinero, las joyas y las posesiones más costosas serán tuyas con sólo pensarlo... Y por último el anillo azul es capaz de darte infinita sabiduría, todos los conocimientos, toda la verdad de las cosas te será revelada de inmediato, no habrá pensamiento errado en tu mente, ni velos que oscurezcan la claridad de tu pensamiento, sabrás si lo elijes todo sobre ti y sobre todos...

El viajero seguía fascinado, mirando los anillos.

—Pero ten cuidado, viajero —concluyó la voz—, porque cuando finalmente elijas tu anillo y te lo pongas, él ciertamente te concederá lo que buscabas, pero los otros dos anillos se desvanecerán para siempre. Elije bien, querido extraño, y regresa a tu ciudad con el don elegido...

En voz alta, como si la diosa pudiera escucharlo el viajero dijo:

—No necesito pensar. Nada es más importante para mí, que la sabiduría...

Y tomando el anillo azul se lo puso en el dedo medio de la mano izquierda.

Un halo de humo celeste lo envolvió y él sintió cómo su anillo se disolvía en su dedo a la vez que veía cómo los otros dos también desaparecían. El arcón y la caverna entera empezaron a desvanecerse y el viajero quedó de pie sobre la roca desnuda, bajo la luz del sol.

Sintió en cada célula de su cuerpo que toda la sabiduría lo invadía de golpe y que un pensamiento, el primero que tenía con la certeza de estar en lo cierto aparecía en su mente.

El viajero se golpeó la frente con fuerza y dijo:

—¡Tendría que haber elegido el dinero!

Bromas aparte, está claro, por lo menos para mí, que todos tenemos sed de saber y vacíos que llenar. Pero ni aquélla ni éstos se calman comprando nuevos autos, ropa más cara o joyas inaccesibles. Estas actividades dejarán siempre un sabor a esfuerzo injustificado o insuficiente. Tampoco se puede conseguir un gran cambio con el mero hecho de comprar libros, ni con sólo viajar todos los años a los lugares más místicos de Oriente.

Como en el cuento de mi abuelo, la mayoría de las cosas son "medios para". El dinero es un medio para. La belleza física es un medio para... la salud es un medio para... a veces hasta el amor es un medio para... Pero el objetivo de saber debería ser solamente saber.

Si pensamos en la verdad como capaz de producir algún resultado específico, nos habremos equivocado de anillo.

Yo alinearía entre los más sabios solamente a aquellos que disfrutan de la serenidad interna que da la certeza de estar en camino.

Sólo a los que están verdaderamente convencidos de que lo interpersonal trasciende a la persona.

Y nada más que a los que han desarrollado un altísimo nivel de conciencia del valor de lo obvio.

Sólo éstos pueden asumir esta manera de vivir, la del saber, no como una carga sino con una manifiesta alegría.

ALGUNOS DE LOS MAYORES PROBLEMAS (LAS DROGAS, LA DELINCUENCIA, LOS ABUSOS DE PODER, LA VIOLENCIA, LA MANIPULACIÓN Y, SOBRE TODO, EL AUTORITARISMO EN TODAS SUS FORMAS) SE PODRÍAN RASTREAR EN ESA DISGREGACIÓN DE LA QUE HABLÁBAMOS; Y ANTES DE ELLA EN ESE VACÍO INSOPORTABLE QUE EL CONOCIMIENTO NO HA PODIDO OCUPAR.

Es difícil convencernos de que el vacío no se llenará con cosas tangibles o materiales.

Yo no soy un sabio y posiblemente nunca lo sea, pero dedico mi tiempo y mi energía a ayudar a que otros sientan el deseo y tengan la fuerza de convertirse en tales.

Suelo decir de mí que no soy un psicoterapeuta, que ya no trabajo como médico y mucho menos como psiquiatra. Soy, como he dicho muchas veces antes, un ayudador profesional, alguien que decidió hace mucho compartir lo aprendido con el fin de facilitar la tarea de los que vengan detrás. Lo hago lo mejor que puedo, que seguramente no es lo mejor que se puede hacer, pero exijo cierta consideración de quien se atreva a juzgar dado que obviamente trabajo con mis propias limitaciones, que no son pocas.

Y de hecho, respecto de los más jóvenes (mi mayor preocupación), me conformaría, si solamente pudiera inducirlos a replantearse algunas de sus búsquedas.

Si sólo pudiera hacer una única cosa, seguramente les contaría el viejo cuento del borracho y la llave.

Con una gran dificultad para mantener el equilibrio, el hombre, absolutamente pasado de copas, se sostenía del farol mientras giraba a su alrededor mirando fijamente al suelo.

El policía, que lo miraba hacer piruetas desde la otra esquina, se acercó y sosteniéndolo con firmeza pero con mucha compasión le preguntó:

—¿Qué busca?

—La llave... se me perdió la llave de mi casa y no la puedo encontrar... el piso se mueve para todos lados.

—Sí, claro —dijo el policía sonriendo—, se mueve como si estuviera borracho... Mire mejor quédese contra la pared, que si no... va a terminar dándose un golpe y terminamos los dos en el hospital... Yo le busco la llave...

Durante la siguiente media hora el policía miró cada baldosa, y buscó a conciencia en cada rincón de la acera.

—¿Está seguro de que se le perdió por aquí? —preguntó al fin.

—Noooo... —dijo el borracho—, se me perdió aquí a dos cuadras cuando estaba por entrar en la casa.

—Pero entonces —preguntó el uniformado—, ¿por qué busca aquí, si se le perdió por allí?

—Es que allá —contestó el ebrio—, donde se me perdió... ¡no hay luz!

Y después de contar el cuento, si todavía se me permitiera hacer una cosa más, les haría saber que tal como lo muestra la historia:

NO SE PUEDE BUSCAR AFUERA LO QUE SE PERDIÓ ADENTRO.

Por mucha luz de neón que alumbre las cosas que se pueden comprar con dinero, el vacío que se siente no se llena con nada que se pueda encontrar junto a esa luz.

En lo personal yo intento llenar mis vacíos con la satisfacción que siento en mi tarea de ayudar a parir, en cada persona con la que me vinculo profesionalmente, el deseo de poder construirse una vida más sana, más comprometida, más inteligente, más sabia.

Haciendo mías las palabras de Osho:

No soy un místico, ni siquiera un ser tremendamente espiritual; intento cada día, desde hace años, acercarme a la sabiduría de los que saben.

Yo no soy una persona religiosa ni soy ningún santo, pero intento, cada vez que puedo, ayudar a alguien a que se acerque también al camino.

Terapia, docencia o educación... todo se trata de empujar cariñosamente a otros...

- *a ser más conscientes,*
  - *a ser más libres,*
    - *a quererse más a sí mismos,*
      - *a elegir cada vez más lo que armonice mejor con su esencia.*

SHIMRITI

El viaje de Shimriti

Primera parte

En un extraño reino mitológico existía una estación de trenes llamada La Ignorancia.

Más que una estación era el punto de partida de un tren que salía de vez en cuando con destino incierto y pasaje de ida únicamente.

Alrededor del viejo edificio, construido junto al primitivo andén, se extendía por propio crecimiento demográfico la enorme ciudad, del mismo nombre, poblada por miles y miles de personas, en general amables, cordiales y simples: los ignorantes.

Los ignorantes tenían una característica especial que los hacía únicos en su género y los diferenciaba sin orgullo de sus vecinos, los pobladores de Nec. Los ignorantes no sabían que no sabían.

Aunque para cualquier visitante ocasional resultaba obvio que era mucho lo que ellos no sabían, los pobladores simplemente lo ignoraban. Sin tozudez, lo ignoraban; sin petulancia, lo ignoraban; sin antecedentes, lo ignoraban; sin vergüenza, lo ignoraban.

De hecho, si alguien preguntaba a algún lugareño:

—¿Tú sabes cuánto es dos más dos?

Contestaba con una sonrisa:

—No sé.

—¿No sabes cuánto es dos más dos? —volvía a preguntar el extranjero, incrédulo.

—No sé —repetía el lugareño.

Y luego aclaraba con dulzura.

—No sé si lo sé.

Y el mismo diálogo podía reproducirse si preguntaba por trigonometría, literatura, historia etrusca o bordado.

Un día llegó al pueblo un visitante con una aspiración particular: venía empeñado en sacar a los ignorantes de su estado. Traía una tarima para hablarles a todos en la plaza. Cuando consiguió reunir a un grupo considerable, tomó un megáfono e invitó a todos los que quisieran salir de la ignorancia para siempre, a reunirse en la estación del tren a la mañana siguiente.

El discurso fue bonito, pero nadie respondió a la invitación. El hombre, que no entendía lo que había sucedido, se acercó a la gente y preguntó:

—¿Por qué no habéis venido?

—¿Para qué íbamos a querer irnos de aquí, si aquí estamos bien?

—¿Cómo que para qué? —dijo el hombre—. Para dejar de ser ignorantes.

Los ignorantes nunca entendieron el razonamiento del extranjero: dejar el lugar donde habían nacido con el propósito de "dejar el lugar donde habían nacido" era extraño, aunque por supuesto no se enojaron con el visitante; se encogieron de hombros y, a partir de entonces, lo ignoraron.

Seguramente fue él quien pidió al gobierno que mandara una delegación del Ministerio de Educación para hacer una campaña educativa, porque apenas unas semanas más tarde llegaron varios camiones al pueblo y decenas de operarios montaron, a lo largo y ancho de la ciudad, casetas con altavoces a todo volumen desde donde locutores y locutoras hablaban a los habitantes del pueblo sobre la posibilidad de emigrar.

Sostenían que había un mundo mejor, el mundo del saber, del conocimiento y del desarrollo intelectual. Les aseguraban mejores salarios y más posibilidades.

Los ignorantes seguían encogiéndose de hombros.

Los funcionarios les preguntaban de uno en uno:

—¿Es que no quieres saber más?

—No sé... —contestaban—, no sé si quiero.

Las casetas se mantuvieron durante un largo mes. Los delegados imprimieron panfletos, iluminaron las calles, organizaron festivales y subieron el volumen de los altavoces.

Pero nadie hizo caso: nadie sabía si quería subirse al tren y, por lo tanto, nadie lo hacía.

Una mañana, sin aviso, los funcionarios partieron dejando las calles sucias y las esquinas ocupadas con las casetas vacías interrumpiendo el tránsito de peatones.

Los nativos, como no sabían desarmarlas, las incorporaron al paisaje y al poco tiempo dejaron de darles importancia.

Pasaron otras tres semanas. Y una tarde, llegó a la ciudad un séquito de guardianes y más funcionarios (éstos con traje negro y corbata) que acompañaban a Su Excelencia, el ministro de Educación en persona.

Sin hablar con nadie, el ministro y sus asesores caminaron hasta el anochecer por las calles de la ciudad y emitieron a la mañana siguiente un informe para el jefe de Estado. En él contaban la grave situación de aquel pueblo de ignorantes y pedían permiso para actuar tan enérgicamente como fuera necesario para revertir el problema.

El jefe de Estado (que se había olvidado de que él también había nacido en La Ignorancia) contestó inmediatamente aprobando el "Plan de Alfabetización de Ignorantes" que el Ministro debía instrumentar, ejecutar y documentar.

Sumamente interesado en cumplir su misión, el ministro dictó una ley de emergencia (que llamó la "Ley conocimiéntica") y decretó que era obligatorio dejar de ser ignorante.

Pidió ayuda al ejército y a la división de perros policía y estableció un cronograma alfabético (ordenando los apellidos de los habitantes), según el cual los ignorantes debían presentarse en la oficina de alfabetización para acordar la fecha en la cual se comprometían a abandonar definitivamente La Ignorancia.

Nadie se presentó nunca.

Quizá fue por la resistencia al cambio (para la cual no hace falta ser muy instruido), aunque probablemente se debió también a que la mayoría de los pobladores no sabía leer, por lo que nunca pudieron enterarse de cuál era la inicial de su apellido y mucho menos la fecha en la que les correspondía presentarse.

La represión que siguió fue tan brutal como inútil.

Los pocos que eran atrapados, encarcelados y luego enviados a las escuelas de la ciudad vecina nunca llegaban a destino. Los ignorantes, maltratados y golpeados, escapaban cuando intentaban obligarlos a subir o se tiraban del tren en marcha.

El proyecto terminó de desmoronarse cuando un grupo de extranjeros opositores al jefe de Estado puso una bomba en las nuevas oficinas del ministro.

Al día siguiente, la delegación cultural recogió sus cosas y se marchó.

Fue entonces cuando, antes de cerrar la puerta de la limusina que lo llevaría a la vecina ciudad de Nec, donde vivía con su familia, el Ministro dirigiéndose a la multitud, exclamó:

—¡Ignorantes!

Y la gente lo vitoreó creyendo que era un simple saludo de despedida...

Se organizó una gran investigación del atentado pero, como era de esperar, todos los habitantes ignoraban quién podía ser el responsable de lo sucedido.

Pasó mucho tiempo antes de que alguien volviera a hablar de educación en La Ignorancia. Hasta que un día llegó al pueblo un maestro.

Éste era un maestro de verdad y no un falso maestro, así que al poco de llegar se dio cuenta de lo que sucedía.

¿Por qué querrían aprender los que ni siquiera sabían lo que no sabían?

¿Cómo se llegó a pensar, en los ministerios, que se podía ayudar a alguien forzándolo a aprender?

El maestro se quedó un tiempo con los ignorantes.

Muchos ni siquiera notaban su presencia, algunos desconfiaban de él, y otros empezaron a sentirse felices por su compañía. Cada mañana el extranjero iba a la plaza con un montón de globos de todos los colores que regalaba a los niños que se acercaban, y mientras los pequeños jugaban, el maestro charlaba con los padres, los abuelos o las niñeras que acompañaban a los niños. Una de ellas, Nitsa, llegó a ser, con el tiempo, su primer pasajero.

—¿Por qué haces esto? —le preguntó ella.

—¿Por qué hago qué? —contestó el maestro—, ¡ah! Esto... Creo que porque me interesa compartir algo bueno que tengo, unos cuantos conocimientos.

—¿Y qué es eso?

—¿No lo sabes?

—No sé si sé.

—Digamos que es algo que me ha servido mucho para hacer muchas cosas... —y, haciendo una pausa, insinuó—: Y a ti también te serviría.

—¿A mí?

—Sí. A ti y a cualquiera.

—¿Por qué me lo dices solamente a mí?

—Porque me importas —contestó el maestro con sinceridad.

—¿Eso es el amor del que tanto hablas, el que empuja, según dices, tantas cosas?

—Sí. Eso es el amor.

—¿Por qué debería creerte? Yo no sé si aprender será bueno para mí.

—No, no lo sabes, pero sí sientes que me interesa tu bienestar, ¿verdad?

—Sí, eso lo siento en mi interior.

—Entonces, el día que quieras, vendrás al tren y subirás conmigo, de mi mano, porque yo te invito y porque sabes que solamente quiero tu bienestar.

La tarde en que Nitsa subió al tren junto al maestro, lo hizo en efecto apoyándose mucho más en la confianza que en su deseo. Él ya le había dicho que si subía al tren jamás podría volver a vivir en La Ignorancia, y eso, ciertamente, la había inquietado.

—Bienvenida, Shimriti —le dijo el maestro.

—¿Por qué me llamas así? —preguntó Nitsa.

—Si aceptas empezar este viaje, ése será tu nuevo nombre.

El ignorante

El ignorante es alguien que ni siquiera sabe que no sabe.

EL SUEÑO DEL IGNORANTE

Acompañando a la profesora Mónica Cavallé en su interpretación de Friedrich Nietzsche, podríamos decir que los ignorantes son como los camellos que incorporan lo pasado y lo llevan en su cuerpo. Así como el duro animal acumula enormes cantidades de alimento y agua para su arduo viaje a través del desierto, así el ser humano, al principio, debe almacenar mandatos y costumbres, es decir, tiene que cargar con las reglas y repetir los hábitos.

TODOS EMPEZAMOS CAMELLOS

TODO EMPIEZA, UNA Y OTRA VEZ, CON NOSOTROS IGNORANTES HASTA DE NUESTRA IGNORANCIA.

En este tiempo nos basta con memorizar (que por otra parte es lo único que podemos hacer) y dado que para memorizar no es necesario comprender, ni aprender a sacar partido del pasado, al principio no aprendemos ni sacamos partido de nada. La experiencia se limita al recuerdo seco de aprendizaje.

Aprovechar el pasado implicaría poder establecer un juicio de valor sobre estas reglas y costumbres, cosa que en nuestra ignorancia no estamos en condiciones de hacer.

Toda persona empezó siendo ignorante en una primera etapa, aunque (diría Leon Werth...) "pocas lo recuerdan"...[10]

Debiendo decir que sí... Creyendo todo lo dado... Tragando sin digerir... Bajando la cabeza... Aceptando seguir adelante, pase lo que pase... Soportando el peso sin quejarse... Respondiendo a las expectativas de los demás... Permanecemos ignorantes mientras recibimos información y la guardamos prolijamente en nuestras alforjas para el viaje en el desierto.

Podemos cargar con el pasado pero no podemos utilizarlo como conocimiento, ya que no somos capaces de procesar la información que recibimos del exterior. Más perezosos que lentos, no sabemos negarnos.

Así, dice Cavallé, llegará un momento en el que podremos disfrutar de cierta alegría al decir que no, aunque por ahora sólo contamos con nuestro "sí".

Un "sí" que ni siquiera es muy profundo porque el "sí" sin el "no" nunca puede ser profundo; es siempre débil y un tanto superficial. Decimos "sí" porque es lo que se espera que digamos, es la actitud que la sociedad nos ha impuesto, es el "sí" de quien se somete a las órdenes de un amo.

Ahora podemos comprender que Adán estaba en este estado antes de comer el fruto del árbol del conocimiento: sólo podía decir "sí".

La obediencia y la confianza ciega son siempre, para el ignorante, la única posibilidad de conseguir una recompensa.[11]

A los ignorantes nos gusta la paz, no queremos que se nos moleste, no queremos que suceda nada demasiado nuevo en el mundo (porque todo lo nuevo es un poco molesto o, por lo menos, inquietante).

MIENTRAS VIVAMOS EN "LA IGNORANCIA" ESTAREMOS EN CONTRA DE CUALQUIER CAMBIO. NOS PARECERÁ PELIGROSO Y DIFÍCIL INTENTAR ALGO NUEVO, PUES ESTO IMPLICARÍA ENFRENTAR EL MIEDO Y SER CREATIVOS.

Ambas cosas implican acción e incomodidad con resultados que no podemos prever por nuestra propia ignorancia.

No es verdad que estemos cómodos en el "no hacer" ni en decir siempre "sí", pero ciertamente estamos acomodados. Y si bien no es lo mismo estar cómodo que haberse acomodado, si no nos detenemos demasiado a pensarlo, siempre parecerá más fácil y en lo inmediato más placentero acomodarnos a una situación dada, que pasar por la incomodidad y el trabajo que conlleva buscar una verdadera comodidad.

EL "IGNORANTE TRIUNFADOR"

EL IGNORANTE ES SIEMPRE UN ESCLAVO DEL PASADO, UN SERVIDOR DEL PODER, UN CAMELLO LLEVADO POR QUIEN LO MONTA, Y EL ÚNICO RECURSO PROPIO QUE PUEDE AYUDARLO A SEGUIR ADELANTE ES LA MEMORIA.

Un sometido siempre actúa en virtud y sintonía con el paquete de creencias que tiene y que otros le han enseñado.

SOLAMENTE LE DEJARÁN LIBRE DE PRESIONES CUANDO SE HAYA CONVERTIDO EN UN "IGNORANTE TRIUNFADOR". ALLÍ SERÁ UN PERFECTO IGNORANTE Y LA SOCIEDAD YA NO NECESITA HACER NADA.

Cuando uno llega a ese punto de "perfección", de alguna manera el trabajo de la sociedad, de la escuela y de la universidad se termina.

Uno se ha convertido con la ayuda de todos en un ignorante estrella (a veces con título y todo, como he sido yo).

Un ignorante con renombre y celebridad, o con dinero e influencia, y hasta con una aparente cuota de poder (que en realidad es el eco de otros poderosos que dan las órdenes a sus espaldas aunque a esto no le moleste porque, obviamente, lo ignora).

LA DEPENDENCIA DE LOS IGNORANTES

Viviendo en la ignorancia se desarrollan por instinto dos estilos especiales de dependencia:

El estilo fan-incondicional ⟶ que resulta de mirar a otros ignorantes seudoprotagonistas e idolatrarlos

y el estilo seudoprotagonista ⟶ que resulta del desarrollo de la necesidad de ser mirados por ignorantes del otro grupo

Reflejando, como se ve, la esencia interdependiente del ignorante.

Un día cualquiera de nuestra vida, cuando todavía éramos demasiado pequeños para comprender su importancia y significado, pero no para registrar con claridad nuestro entorno, nos dimos cuenta de que muchos adultos a nuestro alrededor nos miraban atentamente y en todo momento.

Como si no tuvieran nada más que hacer, utilizaban gran parte de su tiempo exclusivamente para dedicarlo a ser meros testigos de nuestros movimientos y, como descubriríamos después con sorpresa, también de los de otros.

Con el tiempo nos dimos cuenta también de que si alguien te observa, y te observa, y te observa, es más que posible que también termine juzgándote... Nada sería demasiado grave ni significativo si no fuera porque éstos que nos juzgan son también las personas a las que más amamos y muchas veces los responsables últimos de nuestras mínimas necesidades (incluidas la protección y la nutrición).

De allí, a empezar a sentir el miedo al abandono, al desamor o a la soledad, hay sólo un paso que la mayoría hemos dado alguna vez. En mayor o menor medida casi todos volvemos a vivir de adultos algunos momentos difíciles de *revival*, sometiéndonos ahora innecesariamente a esa tendencia controladora-prejuiciosa-enjuiciante de los otros.

Cuando eres actor, cantante u orador, antes de aparecer en público sientes pánico escénico. Un miedo que no sólo lo sienten los principiantes, sino incluso aquellos que han pasado toda la vida actuando.

Cuando me subo a un escenario para hablar en público, cuando doy un examen, cuando me presento a una entrevista para conseguir un nuevo trabajo, cuando pienso en declararle mi amor a alguien, surge un gran temblor, un gran miedo. De alguna manera, dentro de mí siempre aparece la pregunta: ¿Podré con esto esta vez? ¿O no?

Es como si me sintiera en un barco en medio de la tormenta, como si fuera un objeto en lugar de un sujeto, una cosa en vez de una persona.

Sujeto, etimológicamente, es lo que subyace, lo que está por debajo, lo interior. Lo que sustenta todo lo exterior, la cara oculta tras las apariencias, y, como tal, contiene todos los aspectos que hacen de nosotros lo que somos.

Un objeto, en cambio, no esconde nada en su interior.

Un bloque de mármol, por ejemplo, es solo y totalmente mármol, aun cuando la mirada entrenada del escultor pueda ver la belleza de la escultura que esconde (pero esa belleza es producto de la mirada subjetiva de un artista y no una virtud de la piedra).

En la ciudad de los ignorantes no hay ninguna subjetividad. La mayor característica de sus habitantes es que nada hay adentro de ellos diferente de lo que se les ve desde fuera.

ALGUNAS RELIGIONES QUE NECESITAN SEGUIDORES IGNORANTES HAN CREADO MUCHO MIEDO EN LA GENTE, Y NO HA SIDO "SIN QUERER", DICE OSHO. PLANTEAN LA IMAGEN DE UN DIOS CASTIGADOR QUE VIGILA CONSTANTEMENTE, DÍA TRAS DÍA, NOCHE TRAS NOCHE. QUIZÁ TÚ DUERMAS, PERO ÉL NO DUERME; ÉL SIGUE SENTADO EN TU CAMA Y VIGILA. Y NO SÓLO TE VIGILA A TI Y A LO QUE HACES, SINO QUE SUPUESTAMENTE VIGILA TAMBIÉN TUS SUEÑOS Y TUS PENSAMIENTOS.

No se te permite ni un solo momento de privacidad para que puedas ser tú, sin testigos.

Se te inculca que la obediencia a los preceptos dictados por la divinidad a través de sus intermediarios profetas y sacerdotes es la única manera de no ser apartado del rebaño.

Puedes ser castigado eternamente no sólo por tus actos, sino también por tus sueños, por tus deseos, por tus pensamientos y hasta por tus sentimientos más ocultos.[12]

Para estas absurdas posturas totalitarias, aquellos que decidamos no asentir incondicionalmente a su absurda tiranía teísta no será por desacuerdo sino porque nos falla la fe o porque carecemos de humildad, y entonces... los hacedores administradores de premios y castigos decidirán que mereceremos ser víctimas de la ira del Supremo o de la maldición del propio falso profeta de turno.

DE PASO, LA ESTRATEGIA FAVORITA DE LOS QUE PRETENDEN
REDUCIR LAS PERSONAS A COSAS. SOBRE TODO CUANDO LAS
FUTURAS VÍCTIMAS NO ESGRIMIRÁN OPOSICIÓN ALGUNA
A SER UTILIZADAS SI SE LES CONVENCE DE QUE SERÍA
CENSURABLE O VERGONZANTE NEGARSE A ACEPTAR
SU SUMISIÓN A LA AUTORIDAD QUE LAS MANIPULA.

Desde el punto de vista social, el peligro potencial es extremo. Unos pocos líderes carismáticos podrían reclutar ejércitos enteros de ignorantes esclavos utilizables y mostrarlos ante el resto de la sociedad como virtuosos o esclarecidos servidores de una causa noble y elevada. Ignorancia reclasificada como humildad, convicción, fe ciega, compromiso o comunión. Manipulación de ignorantes para transformarlos en soldados "esclarecidos" capaces de matar y destruir en defensa del mundo de la supuesta "causa del bien".[13]

ABANDONAR LA IDENTIDAD

Durante muchos años de mi vida profesional defendí encarnizadamente la distinción entre ser solamente un individuo y el más elevado desafío de ser una persona.

En aquel momento yo relacionaba la persona como estructura, con la propia identidad, y hablaba de "ser idéntico a uno mismo", posiblemente con la impresión que me había causado, empezando por su título, el famoso libro de Carl Rogers, *El proceso de convertirse en persona*.

Sin embargo, hace cinco años empecé a cuestionarme esta idea, en principio desde lo semántico y luego bastante más conceptualmente.

Todo empezó con John Welwood, a quien en algún momento leí deslumbrado. Allí encontré por primera vez la idea de la identidad como condicionamiento perverso. Para Welwood, la identidad se relaciona con lo estático de la persona, con la rigidez de la conducta, con ser siempre el mismo y con responder a un esquema desarrollado mucho por la educación y muy poco por la evolución.

Empecé guiado por sus palabras a asociar "identidad" con "identificación", y a ésta con la idea de querer parecerse a un determinado modelo externo, que termina siempre insertado como un mandato "globalizado".

Es así que el derecho a tener una identidad claramente definida es una de las pocas cosas que paradójicamente se defiende con firmeza mientras uno vive en la ignorancia. Y seguramente por eso el concepto de identidad, que era muy prestigiado en mi concepción de la autoestima más saludable, empezó a derrumbarse en mis esquemas referenciales hasta caer en el desacreditado lugar de ser casi el emblema de la falta de dinamismo de algunas personas. La identidad no es entonces, el resultado de nuestro crecimiento interno, sino el resultado final de un coctel de introyecciones y condicionamientos que otros han configurado para mí.

Si tuviera que ponerte un ejemplo, te diría que la identidad es como un niño sobre adaptado, preso de la influencia, la manipulación, la opresión consciente o no del sistema que lo condiciona. Un ente estable y previsible, tanto manejable como un animal amaestrado para un circo.

AUNQUE A VECES PARA SOSTENER EL ESPECTÁCULO QUE
EL DOMADOR DECIDE MOSTRAR, ALGUNOS LEONES DEBEN
"APRENDER" A ACTUAR COMO SI FUERAN REBELDES Y
DESOBEDIENTES; AUNQUE ESTO REQUIERA MUCHÍSIMAS
HORAS DE ENSAYO.

La identidad es el yo amaestrado, Adán en el Paraíso, el símbolo de nuestra cárcel elegida por defecto, adquirida casi sin elección.

Pero... Solo. En la cima de una montaña, en medio de un bosque, como único habitante de un planeta, en una isla desierta...

¿Quién eres? ¿Qué tienes?

Lo anticipa el viejo planteamiento filosófico:
En la soledad del bosque,
un árbol cae de pronto.
No hay ningún ser vivo que escuche.
Pregunta: ¿hace ruido?

Sin nadie que mire, juzgue u opine...
¿Quién eres?
¿Eres una persona muy importante o un don nadie?
Para ser cualquier cosa necesitas los ojos de otro.
En tu soledad no eres ninguna de esas cosas.
Si no hay nadie para apreciarte o para condenarte, si no hay nadie para aplaudirte ni para abuchearte, si no hay nadie excepto tú mismo...
Tú no eres una cosa ni la otra. Y sin embargo, eres...
No lo que vean en ti los otros.
Tú eres.
El ignorante lucha, trabaja, se esfuerza y se entrena para conseguir afirmar su identidad. Necesita que alguien lo condicione, que alguien lo mande, que alguien le diga algo bonito de vez en cuando, que alguien lo defina.

Un ignorante se cruza con un conocido en la calle.
El otro le dice:
—¿Qué tal?
El ignorante contesta:
—A usted se le ve muy bien... ¿Y yo cómo estoy?

Esto es ridículo, pero cuando se transforma en una manera de relacionarse con el mundo, cuando le cedes tus ojos a los demás para que ellos sean los que te definan (como propone Fritz Perls al describir la base de la dependencia neurótica), la conducta dependiente se vuelve así de autodespreciante, así de autodestructiva.

Volviendo al ejemplo del domador: éste se siente por fuerza con el derecho, cuando no con la obligación, de forzar a sus animales a aprender qué es lo que deben hacer.

Y por supuesto le dará a ellos su aprobación si lo hacen "bien" (¿un terrón de azúcar?). A nadie se le escape que en el caso del domador, en un espectáculo de circo y en todos los demás casos de dominio "hacer algo bien" es equivalente a "hacerlo como al domador se le ocurra que está bien hacerlo".

Si pides atención o cuidados a otros, deberás también pagar por ello, deberás parecerte a lo que esos otros quieren que seas.

Si le concedes a alguien el poder de saberte más que tú mismo, tendrás que ser obediente con él o ella y con sus demandas.

Si pretendes la admiración y los halagos de la sociedad a la que perteneces, tendrás que vivir de acuerdo con los valores reales o falsos de esa mayoría de la que esperas el aplauso.

La admiración, asegura Ambrose Bierce, es la confirmación de que el otro piensa exactamente como uno.

Y por lo tanto, si no eres demasiado tonto (y a veces aun siéndolo), no será difícil convertirte en un referente, en un ídolo, en un santo, en una leyenda.

Nadie es tan tonto, pero tan tonto, como para no ser capaz de encontrar por lo menos un tonto más tonto que él que lo admire.

En el fondo, para ser escuchado sólo tienes que parecerte a todos y gritarlo muy alto.

Tienes que sostener con vehemencia que no hay que ser egoísta (aunque te des cuenta de que sólo una persona egoísta puede ser verdaderamente generosa), declamar en contra de la rebeldía, dejándola sindicada como patrimonio de unos pocos jóvenes trasnochados (aunque sepas que jamás vamos a descubrir la verdad si ya hemos decidido que debería ser solamente lo que ya conocemos), y repetir levantando el índice que no debe uno amarse a sí mismo (aunque ya hayas descubierto que una persona que es incapaz de amarse a sí misma no será capaz de amar a nadie)...

Aunque Buda lo consiguió recorriendo el camino opuesto.

Rabindranath Tagore ha escrito un hermoso relato sobre Buda. En su relato, Buda regresa al palacio de su padre después de doce años de vagar por los bosques haciendo diferentes prácticas espirituales, comiendo lo que hallaba o mendigaba y meditando.

Tagore cuenta cómo un día llegó el regocijo supremo. Sentado debajo de un árbol, Buda se iluminó...

Y lo primero que recordó al descubrir la verdad fue que tenía que volver al palacio para comunicar la buena noticia a la mujer que lo había amado, al hijo que había dejado atrás y al anciano padre que cada día esperaba que volviera.

Después de doce años, Buda regresó, para encontrar a su padre terriblemente enojado.

—Soy un anciano y estos doce años han sido una tortura. Tú eres mi único hijo, y he intentado seguir vivo hasta que regresaras. Has cometido un pecado contra mí, casi me has asesinado, pero te perdono y te abro las puertas. Pero quiero que sepas que me llevará mucho tiempo terminar de perdonarte...

Buda se rio y dijo:

—Padre, date cuenta de con quién estás hablando. El hombre que dejó el palacio ya no está aquí. Murió hace mucho tiempo. Yo soy otra persona. ¡Mírame!

Y su padre se enojó todavía más. El viejo hombre no podía ver quién era Buda ni aquello en lo que su hijo se había convertido. No pudo ver su espíritu, que era tan claro para otros. El mundo entero se daba cuenta, pero su padre no podía verlo, quizá como le pasaría a cualquier padre.

Él lo recordaba con su identidad de príncipe, aunque esa identidad ya no estaba ahí. Buda había renunciado a ella. De hecho, Buda dejó el palacio precisamente para conocerse a sí mismo tal y como era. No quería distraerse con lo que los otros esperaban de él. Pero su padre lo miraba ahora a la cara con los ojos de hacía doce años.

—¿Quieres engañarme? —dijo—, ¿crees que no te conozco? ¡Te conozco mejor de lo que nadie te pueda conocer! Soy tu padre, te he traído al mundo; en tu sangre circula mi sangre, ¿cómo no voy a conocerte?... Soy tu padre, y aunque me hayas hecho mucho daño, aunque me hayas herido profundamente, te quiero.

Buda respondió:

—Aun así, padre. Por favor, comprende. He estado en tu cuerpo, pero eso no significa que me conozcas. De hecho, hace doce años ni siquiera yo sabía quién era. ¡Ahora lo sé! Mírame a los ojos. Por favor, olvida el pasado, sitúate aquí y ahora.

El padre casi estalló:

—¿Ahora? Ahora estás aquí. ¡Toma, hazte cargo del palacio, sé el rey! Aunque a ti no te interese, no importa, eres mi hijo. Déjame descansar. Ya es hora de que yo descanse.

Buda bajó la cabeza y le dijo:

—No, padre, lo siento...

El padre hizo una pausa y su enojo se fue transformando en dolor.

—Te he esperado durante todos estos años y hoy me dices que no eres el que fuiste, que no eres mi hijo, que te has iluminado... Iluminado... —después de enjugarse las lágrimas dijo finalmente—: Respóndeme por lo menos a una última cosa, sea lo que sea que hayas aprendido, ¿no hubiera sido posible aprenderlo aquí, en palacio, a mi lado, entre tu gente? ¿Sólo se encuentra la verdad en el bosque y lejos de nosotros?

Buda dijo:

—La verdad está tanto aquí como allí. Pero hubiera sido muy difícil para mí conocerla aquí, porque me encontraba perdido en la identidad de príncipe, de hijo, de marido, de padre, de ejemplo. No fue el palacio lo que abandoné, ni a ti, ni a los demás, sólo me alejé de la prisión que era, para mí, mi propia identidad.

Solamente después de deshacerse de su identidad prestada, condicionada por su educación y los mandatos de aquellos que más lo amaron, descubrirá el hombre, aun Buda, que está en condiciones de disfrutar de su ser; será por fin libre de toda dependencia.

LA CÁRCEL IMAGINARIA

Mucha gente cree que es característico del sabio escapar de la sociedad, huir a la montaña, refugiarse en una cueva. El verdadero sabio nunca escapa de la sociedad, como veremos más adelante cuando hablemos de él, simplemente se aleja en un intento, siempre doloroso, de renunciar a lo que pueda quedar de su identidad.

Durante miles de años hombres y mujeres hemos vivido de alguna manera presos de nuestras identidades, sociedades, culturas, condicionamientos, temores y culpas. Las prisiones que encarcelan nuestros rígidos personajes no se llaman cárceles. Les hemos puesto nombres más hermosos y engañadores: las llamamos templos, religión, partidos políticos, ideología, cultura, civilización, escuelas de psicoterapia, empresa próspera, fama, poder y honores. La llamamos también y sobre todo "el camino del éxito".

Es verdad que de vez en cuando le damos a nuestras cárceles nombres horribles (¿será para disimular?): las llamamos droga, alcohol, fobias, obsesión, desenfreno, fundamentalismo, locura.

Fea o linda, exhibida ostentosamente u oculta y disfrazada, la cárcel está, y durante mucho tiempo todos estuvimos dentro de ella...

Por hermoso que sea el nombre de la prisión y por bien que se viva aparentemente, si estás atrapado en ella estás preso. Si lo pensamos un poco podemos asegurar sin temor a equivocarnos que quienquiera que viva conforme a una idea que lo condiciona es su prisionero, aunque nunca haya pensado en huir...

Aunque tu celda sea de primera clase,
aunque el patio sea tan grande que tus ojos no lleguen a ver los muros,
aunque la atención en la prisión sea de cinco estrellas,
aunque te prometan permisos de salida cada vez más frecuentes,
aunque las cadenas sean transparentes y no pesen demasiado comparándolas con las de otros,
aunque sea una prisión que aparentemente tú elegiste,
aunque compartas la celda con aquellos a los que más quieres...

Y es que dentro de una prisión aunque uno no quiera saberlo... está preso.

De todas maneras no te acuses injustamente. Nunca entraste en la prisión.

Naciste allí y te ordenaron, como a mí, quedarte cuando todavía no eras consciente (y posiblemente todavía no lo seamos del todo).

Te condicionaron (me condicionaron) para que estudiaras, trabajaras, te enamoraras y casaras dentro de la cárcel.

Te entrenaron y te hipnotizaron (como a mí) para que no pudieras ver los barrotes.

Te empujaron (y me empujaron) para que creyeras que solamente allí estarías protegido.

Te dijeron (y les creímos) que después de todo era lo mejor a lo que podías aspirar.

El día que te enteres en dónde estás, e intentes decirlo en voz alta, los otros, tus compañeros de prisión, te dirán que es mentira.

Y te dirán que la verdadera cárcel está fuera de esos muros. Y llorarán al cielo echando maldiciones para todos los que han intentado mostrarte otra verdad. Y te dirán que la libertad no existe y que fuera está el infierno.

Te mostrarán que allí dentro puedes realmente tener todo lo que desees (menos libertad, claro). Tratarán de seducirte con premios y aplausos para que quieras quedarte. Te ofrecerán dinero, sexo y lujos, condiciones "especiales" porque (te dirán) tú eres especial.

Y para impedir que te vayas, te amenazarán con castigo y tortura si no aceptas su oferta.

Y, si de todas maneras te vas, quiero que sepas que... saldrán a buscarte. Porque afuera tú eres una especie de amenaza.

Vendrán para llevarte de regreso o para mostrar tu cadáver a todos y demostrar con eso que la vida fuera es imposible.

Pero no desesperes, no te asustes...

Una vez libre, si tú no quieres, nadie puede encerrarte.

¿LOS BUENOS O LOS JUSTOS?

Aunque parezca una mera decisión de conveniencia, la hipocresía del doble discurso y de la doble moral de la sociedad ignorante es el resultado de la repetición de los discursos huecos y no el eco de una burda estrategia.

ESTO ES LO QUE HAY QUE DECIR...
PORQUE TODO EL MUNDO LO DICE.
PERO ESTO OTRO ES LO QUE HAY QUE HACER...
PORQUE TODO EL MUNDO LO HACE.

Por ejemplo, se reclama contra la corrupción, pero se le paga a alguien una suma extra para conseguir un trato mejor. Se acepta más fácilmente la palabra de un curandero que el diagnóstico certero del médico. Se quiere y se valora más a los buenos que a los justos.

Es cierto que la sociedad tiene su lado hipócrita, pero sería absurdo intentar sostener que ha empezado a serlo ahora.

Todos hemos estudiado que durante la Revolución francesa los ideólogos del levantamiento diseñaron este famoso emblema de la revolución:

LIBERTAD, IGUALDAD Y FRATERNIDAD.

Casi cualquiera recuerda y recita sin dudar los tres principios de la lucha contra el poder de la monarquía; pero pocos son los que hemos tenido acceso aunque sea accidental al pequeño secreto de la historia respecto de esa famosa trilogía...

Hurgando un poquito, se descubre que el tríptico original de la época era uno diferente. Las tres palabras eran:

LIBERTAD, IGUALDAD Y JUSTICIA.

¿Qué pasó con la justicia? ¿Por qué fue cambiada?

Si me animo a fantasear, apoyándome en algunos hechos históricos, todo indica que un brusco e irrefrenable deseo de algunos revolucionarios de conservar su propia cabeza pegada a su cuerpo, llevó a sustituir la justicia por su nada parecida reemplazante: la fraternidad.

Muchos de los que siguieron entendieron el mensaje.

Para todos los "patriotas", dirigentes hipócritas e ignorantes de todas las naciones, siempre fue mejor enarbolar las banderas de la condescendencia, la caridad, la piedad y el nepotismo que defender la justicia,[14] porque de mano de la justicia siempre vendría también inexorablemente un mundo más equitativo, una más justa distribución de las riquezas, un recorte de poder de los más fuertes y una cárcel un poco más que imaginaria para los corruptos.

Y entonces en lugar de justicia: fraternidad, compasión y limosna.

En lugar de justicia: adulación, diplomacia y obsecuencia.

—Sancho —le dice Don Quijote a su escudero—, recuerda que resplandece más el don de la misericordia que el de la justicia.

Como en la ilustre novela, es triste comprobar que muchas veces la caridad forma parte de una demagógica hipocresía socialmente aceptada y hasta aplaudida.

JUSTIFICAR NO TIENE MUCHO QUE VER CON HACER JUSTICIA

Tanto la minimización como la exageración son falsedades y toda mentira o hipocresía es estúpida, especialmente cuando se les usa para avalar una conducta deplorable o para intentar darle marco a algo injustificable.

MINIMIZAR, GENERALIZAR, EXAGERAR O MENTIR A SABIENDAS SÓLO PUEDE SER EFECTIVO EN EL TRATO MUTUO DE LOS QUE SE ASUMEN ESTÚPIDOS O EN LA MALINTENCIONADA MANIPULACIÓN DE LOS IGNORANTES.

Mientras estamos en la ignorancia, pensar nos conecta con ensayar una y otra vez lo conocido. Puede dar la impresión de que estamos haciendo grandes avances, de hecho cada vez pensamos mejor para llegar a las mismas conclusiones.

Pero no olvidemos que los pensamientos no son más que castillos en el aire, la experiencia capitalizada en conciencia es el único camino para darse cuenta de lo real. Así, en esta etapa, la autenticidad pasa a ser una cuestión de adiestramiento, de madurez y de decisión.

Ser auténticos nos pondrá a la larga en paz con nosotros mismos, aunque hasta llegar allí quizá nos enemistemos con muchos.

CUANDO DEJAS LA IGNORANCIA DEJAS DE MENTIR A LA GENTE QUE TE IMPORTA; DEJAS DE MENTIRTE A TI MISMO Y APRENDES A HACER AUTOCRÍTICA SIN REPROCHES.

El autorreproche es, como dice Osho, ponerse a jugar con la propia herida, metiéndose el dedo en la llaga. Es la decisión soberbia de castigarse por no haber sido perfecto. Es, en resumen, desconocer la regla de oro de la conducta humana:

*Cada uno hace siempre lo que le parece mejor
con su nivel de conciencia y de conocimiento.*

No te culpes ni te arrepientas (la próxima vez quizá ni siquiera debas salir corriendo a contárselo a tu analista), pero tampoco te justifiques.

Y, por supuesto, olvídate de las frases con las que pretendes no hacerte cargo de lo que te pasa:

"Tenía que ser así..."
"No tenía otra posibilidad..."
"No soy el único responsable..."

Al racionalizar y justificar tus errores los proteges de tu crítica adulta, y eso puede darte una cuota de alivio, pero con ello anulas toda posibilidad de desarrollo y garantizas la repetición del error.

No es fácil decidirse a crecer.

Quizá sea porque darse cuenta está siempre más cercano a la emoción que al pensamiento.

Dice Osho:

Cuando haya un conflicto entre lo superior y lo inferior, lo inferior casi siempre ganará. Si provocas un choque entre la rosa y la roca, la rosa es la que va a morir, no la roca. La roca posiblemente ni siquiera se dé cuenta de que ha habido un choque.

Vuelvo a decirte, el camino no es castigarte salvajemente por tus errores.

Toda nuestra historia está llena de rocas (hábitos, automatismos, mandatos, miedos, modelos y condicionamientos), y cuando empieza a crecer dentro de nosotros la rosa de nuestra auténtica manera de ser en el mundo, nuestras antiguas piedras

encuentran miles de posibilidades de destrozarla... Su forma
más común es el autorreproche.

SALIR DE LA IGNORANCIA

Sólo nos queda un enigma por resolver en este análisis: ¿por qué
querría un ignorante (cualquier ignorante o nosotros mismos)
salir de la ignorancia, en la que vive sin saberlo?

NO PUEDE SER POR CURIOSIDAD, PLANTEAMIENTO
EXCLUYENTE DE LOS BUSCADORES, COMO VEREMOS
CUANDO HABLEMOS DE ELLOS. NO PUEDE SER POR PENSAR
QUE ES MEJOR EL LUGAR DEL BUSCADOR, PORQUE ESO LO
IGNORA. NO PUEDE SER PARA MEJORAR SU RENDIMIENTO,
PORQUE EL QUE TIENE ES EL ÚNICO QUE CONOCE, Y EN
TODO CASO UN IGNORANTE SÓLO COMPARA CON LO YA
SUCEDIDO, NUNCA CON SU FANTASÍA. NO PUEDE SER BAJO
PRESIÓN, PORQUE ESO LO LLEVA A FINGIR O A REBELARSE,
NUNCA A APRENDER.

Suele decirse que para recorrer el primer tramo del camino hacia volverte más sabio, tu inteligencia no puede ayudarte, tu trabajo no puede ayudarte, tu dinero no puede ayudarte y tu belleza
tampoco lo hará.

Quizá el amor pueda.

Y digo "quizá" porque pensar en el amor tampoco ayuda demasiado.

En cambio, sentir amor, eso sí te cambiará.

*Quiéreme cuando menos lo merezca, porque será cuando
más lo necesite.*
Doctor Jekyll en *El Extraño caso del doctor Jekyll
y el señor Hyde*, de R. L. STEVENSON

LA ÚNICA RAZÓN POSIBLE PARA QUERER DEJAR EL LUGAR
SEGURO DE LA IGNORANCIA ES SENTIR EL IRREFRENABLE
DESEO DE SEGUIR A ALGUIEN QUE, CON VERDADERO
INTERÉS EN MI BIENESTAR, ME TIENDE UNA MANO
PIDIÉNDOME QUE RECORRA A SU LADO UN CAMINO
DESCONOCIDO.

Estoy diciendo que la única razón para dejar de ser ignorante es sentir el afecto y la confianza suficientes de un maestro o maestra que nos muestre desinteresadamente su amor por nosotros señalándonos un rumbo. Sólo entonces aprender se vuelve un placer, una experiencia de renacimiento a nuevas experiencias, un juego.

COMPARACIÓN E INTOXICACIÓN

Algunos de los más importantes maestros que conozco son los cuentos y las parábolas. Sabios que viajan en el tiempo y en el espacio, hablando el idioma del lugar al que llegan, vistiendo las ropas de la gente que los rodea, capaces de teñir cada enseñanza del color que más le agrada a quien necesita escucharla.

En mi opinión, cada cuento es como la mano de un maestro amorosamente tendida hacia nosotros proponiéndonos empezar la marcha, invitándonos a aprender más sobre este difícil arte de vivir, ayudándonos a despertar a la realidad.

Transcribo aquí este viejo cuento tan querido por mí.

Querido porque llegó a mí de la mano de una de las personas que más me han enseñado y querido también porque durante casi un año sirvió de apertura a las conferencias que dictáramos juntos, con otro maestro, el doctor Marcos Aguinis.

Lo llamo el cuento del cochero celoso.

Un sanyasin, un maestro espiritual que recorría los pueblos llevando su sabiduría, sus palabras de aliento y su caricia para el alma, viajaba de ciudad en ciudad en un carruaje conducido por un cochero. Siempre el mismo carruaje, siempre el mismo cochero. Cierto día, camino de una pequeñísima ciudad del interior del país, el maestro suspira abatido, un poco más fuerte de lo común. El cochero, que tiene con él la confianza que otorga el tiempo compartido, le dice:

—¿Qué te pasa?

—Estoy un poco cansado —contesta sinceramente el maestro—. Hace ya varios meses que no se detiene a darle descanso a sus huesos.

—¿Tú estás cansado? —lo increpa el cochero—. Tú sí que no tienes vergüenza, ¡eres un caradura! ¡Cansado debería estar yo, que tengo que manejar todo el día este carruaje para trasladarte! ¿Por qué vas a estar cansado tú, que vas sentado ahí lo más campante, que llegas a los pueblos y lo único que haces es hablar con la gente, y comerte las frutas mas jugosas y beber el agua mas fresca? ¿Tú cansado? ¡Yo soy el que debería quejarme, yo soy el que tiene que lidiar con estos caballos todo el día, soy el que en cada pueblo debo ocuparme de alimentarlos y de cuidar del carruaje mientras la gente te aplaude, te pone una alfombra roja y tira pétalos de rosa a tu paso! ¡Yo soy el único que debería estar cansado!

Entonces, el sanyasin le dice:

—¿Pero esto es cansador para ti?

—¡Claro que es cansador!, ¿qué te parece?

—No, no es que me parezca... sólo que cada vez que pienso en la posibilidad de descansar, imagino qué maravilloso sería manejar un carruaje por un camino, de pueblo en pueblo, sin apuro...

—¡Claro! ¡Hazte el místico conmigo! ¡Para ti es muy fácil decirlo porque mientras tanto vas ahí sentado! Pero si estuvieras aquí, en el pescante, no dirías lo mismo...

—¿De verdad te parece que estoy mejor yo aquí que tú allí?

—¡Claro que estás mejor! ¡Qué no daría yo por estar en tu lugar!

—Bueno —dijo el sanyasin—, me parece que tenemos una oportunidad para darnos el gusto los dos.

—¿De qué se trata? —preguntó el cochero, mientras evaluaba si el sanyasin se burlaba de él.

—En el próximo pueblo nadie me conoce, ni siquiera han visto mi cara; así que... si intercambiáramos de ropa y de lugar, podríamos entrar allí, tú sanyasin y yo cochero. Si lo hacemos yo podré darme el gusto de manejar el carruaje, y tú de ser un sanyasin.

—No me tientes... —dijo el cochero—, porque voy a aceptar...

—Detén el carruaje —ordenó el sanyasin.

Con el carruaje detenido al costado del camino, cambiaron de ropa.

El cochero le dio al maestro su chaqueta y su fusta; el maestro le dio al cochero su toga y su espacio.

El sanyasin vestido de cochero, subió al pescante; y el cochero, vestido de sanyasin, subió al carruaje. Y así siguieron su marcha rumbo al siguiente pueblo.

Apenas entrar al poblado, la gente empezó a ovacionar el paso del carruaje que traía al esperado sanyasin, mientras le tiraban pétalos de rosa, vitoreaban su nombre, le hacían reverencias... El cochero, vestido de sanyasin, saludaba con la mano gesticulando hacia un lado y hacia el otro, disfrutando enormemente. La gente le sonreía, lo halagaba, lo aplaudía. Y así, entre palmas y salutaciones, llegaron hasta la plaza central. Una gran multitud se había reunido para recibirlo. Todos enardecidos aplaudieron la llegada del carruaje, y cuando el cochero (el verdadero sanyasin) bajó a abrirle la puerta al usurpador, la gente enloqueció con gritos y ovaciones:

—¡Viva, viva! ¡Ha llegado el maestro! ¡Bienvenido!

Entonces se acercó el alcalde del pueblo, le puso una corona de flores y dijo:

—¡Qué suerte que estás acá! ¡Estábamos desesperados aguardándote!

El cochero, vestido de sanyasin, contestó:

—Sí... yo también tenía muchas ganas de llegar... Vamos a sentarnos y disfrutar del encuentro...

—¡No, no. Nada de sentarnos! —dijo el alcalde, con convicción—. Eso puede esperar. ¡Necesitamos de tu palabra esclarecida!

—Bueno...gracias... pero primero comamos fruta fresca... converse-mos... descansemos un poco...

—¡Sí, sí, luego lo haremos! ¡Pero antes de descansar hay cosas muy urgentes que resolver!

—No... no. Nada me urge más que sentarme entre vosotros a disfru-tar de esta maravillosa gente, de este pueblo tan amable, de la fruta...

El alcalde no lo dejó terminar sus alabanzas:

—¡No entiendes! Hace tres semanas que estamos esperando tu llega-da con ansiedad, porque tenemos un problema muy serio en el pueblo.

—¿Qué sucede?

—Sucede que Juan le vendió una vaca a Pedro y Pedro dijo que se la iba a pagar construyéndole un granero... pero Pedro se lastimó y se fracturó el brazo, y entonces no le puede construir el granero. Y Juan quiere que le pague y Pedro dice que tiene que esperar a que se solu-cione el problema de su brazo para construirle el granero como habían quedado, y Juan dice que no puede esperar y Pedro sostiene que ése fue el trato... Y el pueblo ha tomado partido por uno y por otro, todo el mundo está peleado por este tema. Cada noche hay cinco o seis he-ridos en la taberna y los guardias de seguridad ya no dan abasto para frenar los golpes en las calles... Hace dos semanas, cuando me confir-maron tu venida yo dije: ¡Deténganse! Dentro de pocos días llegará el sanyasin, él nos va a decir cuál es la solución, él tiene todas las respues-tas. Por eso estamos tan ansiosos, ¿comprendes? Oh, gran maestro de maestros... dinos a todos: ¿cuál es la solución para este problema? ¿Qué hay que hacer en este caso?

El pobre hombre empalideció por un momento, no tenía la menor idea de la respuesta que debía dar.

En un momento se dio cuenta que ser un sanyasin no era sólo ves-tir su ropa, ni nada más recibir los halagos. El cochero miró al verdade-ro sanyasin que sonreía divertido mientras le acercaba un poco de paja a los caballos y deseó no haber aceptado nunca el cambio de papeles.

La gente, que estaba esperando su palabra, le dijo:

—¡Te estábamos esperando para esto! ¡Danos la respuesta, por favor!

Viajar tan cerca de un sabio durante mucho tiempo ayuda a encontrar respuestas, dicen en China.

El falso sanyasin meditó unos segundos y exclamó:

—¿Y sólo para resolver esto me estuvieron esperando tanto tiempo? ¿Por esta estupidez, tanto lío? Esta tontería la puede contestar... hasta mi cochero... —y girando majestuoso hacia el hombre vestido de cochero, dijo—: Vamos cochero, ¡demuéstrales! ¡Diles cómo se resuelve el problema! ¡Contesta vamos, no te amilanes...!

Pensando y pensando uno puede encontrarle salida al problema en el cual se metió por tonto, pero eso no quita que hubiera sido mejor no meterse en él.

Pensando y pensando es como empiezas a intoxicarte con la idea de lo que debería ser, con la idea de la comparación, con la idea de lo que tienes y de tus carencias.

- Si siempre que estoy bien pienso que podría estar mucho mejor, estoy intoxicado.
- Si mientras como mi plato de fideos controlo el tamaño del plato que sirvieron a mi vecino, estoy intoxicado.
- Si soy médico, o abogado, o ingeniero y pienso que por eso tengo algún derecho especial, estoy intoxicado.
- Si pienso que por ser cliente de esta tienda debe descuidarse la atención a otro para dármela a mí, estoy intoxicado.
- Si creo que lo que me da derecho a ser bien tratado por un funcionario público es que pago los impuestos, estoy intoxicado.
- Si creo que es justo que yo no pase hambre porque me he ganado el dinero con el que compro mi comida, estoy intoxicado.
- Si a veces creo que soy el mejor y otras que soy el peor, en ambos momentos, estoy intoxicado.
- Si alguna vez he pensado que soy más o que soy menos que alguien o que algo, estoy intoxicado.

- Si pienso que por ser cristiano, judío, budista o ateo soy muy diferente de quienes no lo son, estoy intoxicado.

Comparar siempre es tóxico y la intoxicación crónica puede envenenarnos.

Si tú, como yo y como casi todos, has recibido el veneno en pequeñas dosis desde el día en que naciste, tal vez estés adaptado y ni te percates de que el veneno circula por tu cuerpo y anida en tu cabeza.

Mi primera dosis, por ejemplo, vino con la elección de mi nombre;
la segunda, con el color de mi batita de bebé;
la tercera, con la cintita roja que mi madre me ató contra el mal de ojo (porque yo era tan bonito...);
la cuarta, con el apodo con el que me rebautizaron mis tíos;
la quinta, con mi primer "muy-bien-diez-sobresaliente";
la sexta, el día que mis amiguitos de la escuela me llamaron gordo por primera vez;
la séptima...
Y podría seguir rastreando dosis de encasillamiento, de discriminación, de condicionamientos, de mensajes explícitos y subliminales, hasta el día de hoy.

Me he intoxicado lentamente, tan lentamente que me he inmunizado al veneno.

Hoy soy tan inmune a la intoxicación que, cuando digo que soy argentino, que soy judío, que no soy demasiado inteligente o que soy el mejor amigo de Héctor, ni me doy cuenta de que estoy pensando en términos de distinción, en términos de comparación, en términos de discriminación y no de amor.

Todo tipo de competencia es producto de un veneno.

Y hay que evitar todo lo que sea tóxico. Hay que evitarlo en el plano físico, en el plano mental y en el plano espiritual.

E<small>L VENENO SE LLAMA COMPARAR</small>,
<small>LA INTOXICACIÓN SE LLAMA DISCRIMINACIÓN</small>,
<small>LA ENFERMEDAD SE LLAMA COMPETENCIA</small>
<small>Y LA ADICCIÓN SE LLAMA OBSESIÓN POR GANAR</small>.

LA PASIÓN DE ESPIAR Y JUZGAR

Mientras habita en la ignorancia, la gente está muy interesada en encontrar las imperfecciones y los defectos en las cosas ajenas. Espiando por la ventana o mirando por el ojo de la cerradura de los vecinos se sienten un poco mejor consigo mismos. Lo hacen porque saben que las faltas de los otros les ayudan a disimular las propias.

En estas pocas palabras está resumida toda la explicación que requiere comprender fenómenos muy complicados como, por ejemplo, el del éxito de audiencia de los *reality shows* (*Big Brother* y sucedáneos) y los superabundantes *talk shows* de enfrentamiento televisivo. Estos últimos, programas emblema de esta época en los medios, con un esquema más que inescrupuloso, nos muestran hombres y mujeres supuestamente comunes que se pelean y se insultan en tiempo real, frente a una cámara, con la ayuda de un presentador que los provoca y un público que le anima a hacerlo.

Aquéllos, con un planteamiento igualmente inmoral pero casi *naïve*, nos acercan un *Truman Show* verdadero: jóvenes elegidos en *castings* multitudinarios, o actores, o parejas o cantantes, conviviendo durante semanas en un espacio acotado, rodeados de cientos de cámaras que los espían veinticuatro horas por día, recogiendo imágenes que repetirán cientos de veces a todas horas, para satisfacer a millones de fisgones, "vividores" de vidas ajenas.

Horas y horas de televisión que permiten darle sustancia a un burdo mecanismo de proyección que genera frases como éstas, repetidas hasta el cansancio entre sus fanáticos y sus detractores:

- qué tontos hipócritas, agresivos y dañinos,
- qué ignorantes y brutos,
- qué malvados y aprovechados,
- qué patéticos y ridículos,
- qué vanos y superficiales...

"Siento vergüenza ajena", dicen los mensajes de los televidentes hablando de Fulano, Mengana y Zutanito... mientras llaman por teléfono para echar a Perengano (sosteniendo el verdadero negocio de la productora), mientras piensan en otras frases que no serán dichas pero que esconden la verdadera raíz del éxito de estos programas:

—Qué suerte que son ellos y sólo ellos, los que son así.

Como dice Mary Ann Evans, la mayoría de las personas está siempre dispuesta a confesar los pecados de los demás.

Caer en la ventajosa tentación de salir favorecidos al cotejar nuestra conducta con la de aquellos a quienes despreciamos.

Pensar que "comparado con ellos lo que yo hago no está tan mal"...

Y por supuesto... la televisión legitima.

Estos programas tienen *ratings* muy altos y eso hace pensar que cumplen alguna función, aunque sea la no muy deseable de negar nuestra realidad. Y sin embargo, sigo pensando que sería más saludable evitar llenar nuestra mente de tonterías. Si se trata de tener algo en qué pensar, cada uno tiene bastante con lo suyo, y de hecho lo que necesitamos es quitarnos de encima un poco de lo que nos sobra y no ir recolectando más y más basura ajena, como si se tratara de algo precioso.

Existe un insecto que desde hace mucho me llama la atención. No puedo evitar ver reflejado en su modo de vivir alguna conducta propia y de muchos. Se trata del escarabajo pelotero, también llamado escarabajo estercolero.

Este insecto vive en grandes llanuras donde deambulan animales de gran tamaño: elefantes, bisontes, rinocerontes. Estos animales, después de alimentarse naturalmente, defecan y desparraman sus excrementos por la tierra. Éste es el momento esperado por el escarabajo, que rápidamente se dedica a recoger el estiércol y acumularlo en una pelota (de ahí lo de "pelotero") de tamaño gigante, a veces tres o cuatro veces más grande que su cuerpo, que empuja de aquí para allá seduciendo con su fuerza y habilidad a su futura pareja.

Los escarabajos me sorprenden no sólo por su humana actitud de recoger porquería, sino porque la arrastran adonde van y ¡hasta compiten para determinar quién es el que arrastra la bola de estiércol más grande!

No reflexiones sobre los defectos de los demás, no es asunto tuyo.
No interfieras en la vida de los demás, no es asunto tuyo.
No pienses en nada que sea de otros, no es asunto tuyo.

ATISHA

El pensamiento de Atisha tiene cientos de años, pero hay grandes moralistas cuya única dedicación, al parecer, es ver quién está obrando mal. Hombres y mujeres, a veces muy inteligentes, que desperdician sus vidas husmeando el estiércol ajeno, aquí y allá, como si fueran un cruce de escarabajo pelotero y perro policía. Personas cuyo único oficio conocido es denunciar quién está obrando de manera para ellos censurable, quién se ha equivocado, quién no hace lo correcto... Uno se pregunta cuál será la viga en el ojo propio para tanta paja buscada en el ajeno.

UN PEQUEÑO TOQUE DE AUTOCRÍTICA, SIN REPROCHES

Un misterio por el que siempre se me interroga en las reuniones más íntimas, entre amigos, es el hecho (dudosamente comprobable pero aceptado como cierto por casi todos) de que en mi especialidad hay más individuos con problemas psíquicos que en cualquier otra.

—¿Por qué? —me preguntan—, ¿es contagiosa acaso la patología psi?

—No —contesto—, seguro que no.

Lo más probable es que la mayoría de nosotros nos hayamos interesado por el fenómeno psíquico al hacernos conscientes en algún momento de lo que creíamos era nuestro propio grado de locura. Allí decidimos por la vía de un fenómeno —que el psicoanálisis llama "formación reactiva"— tratar de encontrar alguna manera de controlar las neurosis, sobre todo la nuestra.

Si esto es cierto y también lo fueran las estadísticas del supuesto deterioro psiquiátrico de los psiquiatras, deberíamos concluir como lo aseveraba Bob Hope que los terapeutas no se vuelven locos... ya eran.

Desde este más que irónico análisis, posiblemente el buen psicoterapeuta sea aquel que ha conseguido ese control sobre su propia patología y, por lo tanto, es un experto. Entrenado, puede usar lo que aprendió consigo mismo en la ayuda a otros...

Ahora la pregunta cambia, porque es evidente que no todos consiguen la hazaña de curarse a través del conocimiento profundo de sus desvíos... ¿Qué pasa con los otros, con los que siguen tan neuróticos como antes? ¿Qué pasa con los que han empeorado con el tiempo...? Y en todo caso, aparece todavía una pregunta más: si no les sirve para su propia sanación y tampoco son capaces de ayudar a otros, ¿para qué siguen en la profesión?

Me temo que existen algunos que permanecen sólo para aprovecharse de la ventaja que significa conquistar un espacio de poder. Aunque sea uno que les permita asignar la propia locura a otros.

Ni se te ocurra pensar que todos los terapeutas entran en este perfil, ni siquiera la mayoría; de hecho, me parece que son muy, pero muy pocos, pero admito que he conocido a lo largo de mi vida profesional a algunos estudiantes y aspirantes a terapeutas que parecían confirmar esta teoría. Lo digo para que nadie crea que nosotros, los trabajadores de la salud mental, nos libramos siempre del fantasma de la proyección.

Como único consuelo, aunque sea momentáneo, puedo asegurarte que aunque lleguen a ver algún paciente, en general no duran en el oficio.

De todas maneras y volviendo a lo que importa —tú—, si no eres terapeuta, no tienes obligación de escuchar los problemas de aquellos que no te importan. Y si lo eres tampoco la tienes, por lo menos no fuera de tu horario de consulta.

Escucha sólo lo esencial.

Sé telegráfico al hablar y selectivo al escuchar. Si te gusta o si necesitas criticar, sé lapidario sólo con tus propias opiniones, con tu cabeza pensante y con tu manera de perder el camino, pero no prestes oídos a quienes no lo merecen ni lo necesitan. No sería tan grave que la gente no supiera qué decir, si hubiera aprendido a callar de vez en cuando...

La sabiduría de Oriente nos propone hablar menos con aquellos a los que consideramos despreciables. Si escuchas poco y menos a los inmorales, esos que se llenan la boca hablando de odio y discriminación pero están llenos de ambos; si pierdes menos tiempo escuchando estupideces, si eres más selectivo, empezarás en poco tiempo a sentir cierta sensación de limpieza y de suavidad. Una elevación espiritual como nunca soñaste.

La sociedad urbana occidental va en el triste y preocupante camino de remplazar la sincera y saludable necesidad de comunicación y de opinión con el chisme y el rumor. Y no nos engañemos pensando que responden a alguna necesidad de estar informados.

Nueve de cada diez veces son el resultado de la voluntad de alardear, de manipular, de querer llegar más lejos o de hacer daño. La expresión de un deseo escondido de alguien o de muchos de lastimar a otros anónimamente. Una estúpida manera de sentirse poderoso e influyente.

Dado que cada persona que transmite un rumor acerca de lo que le pasó a otro, le añade algo, un matiz, un detalle inventado, una mentira, una exageración, muchos creen conseguir así un protagonismo creador del que no son capaces en sus propias y pobres existencias.

Cuentan que... Nasrudín era el bufón de la corte de un gran rey.

Un día, en una fiesta, dijo algo muy gracioso acerca de un supuesto mercader inexistente.

Vaya a saber por qué caprichosa interpretación, el rey se sintió ofendido y como respuesta le dio al bufón un terrible golpe en la cabeza con el cetro real.

Nasrudín hubiera querido devolverlo, pero obviamente pensar en golpear al rey era una locura, así que se aproximó al hombre que estaba más cerca y le propinó una tremenda patada en el tobillo.

El hombre, sorprendido, lo increpó:

—¿Por qué me pegas? Yo no te he hecho nada.

Nasrudín respondió:

—Yo tampoco he hecho nada y mira el golpe que tengo en la cabeza. Yo no empecé este juego y ni siquiera me parece demasiado divertido. Podrías preguntarle al rey en todo caso, aunque sinceramente yo no lo haría... Lo mejor será que le pases el golpe al que está a tu lado. El mundo es tan grande... Déjate fluir.

La mente siempre puede encontrar la justificación de una maldad o de los propios errores si busca en los defectos de los demás.

CUÁNTAS VECES HE BUSCADO CONSUELO EN NO SER
EL ÚNICO QUE SE EQUIVOCA...
Y CUÁNTAS VECES LO HE ENCONTRADO...

He escuchado hasta el cansancio el argumento de que todo era una mínima venganza elaborada en respuesta a las injusticias de las cuales alguien había sido víctima, aun en los casos en los que aquella venganza no terminaba dirigida hacia la persona que era responsable de la injusticia en cuestión.

La historia de Nasrudín, sin reyes y sin bufones (¿no lo somos a veces?), podría traducirse en este otro relato, arreglado con mi propia inventiva, para hacerlo más cercano a nuestra vida cotidiana. (Aunque no debes preocuparte; a nosotros jamás, jamás, JAMÁS se nos ocurren estas cosas... ¿verdad que no?)

La llamo simplemente "Un mal día".

Mi jefe ha sido muy duro conmigo esta mañana.

Ya sé que soy su empleado, pero no soy un trapo para que me trate como una basura.

Me he enojado tanto con él que me hubiera gustado insultarlo, pero no le he querido dar una excusa para echarme.

Así que mientras el imbécil me insultaba yo le sonreía haciéndome olímpicamente el estúpido.

Cuando he llegado a casa he discutido con mi mujer.

Ella ha protestado diciendo que yo había venido de malhumor de la oficina y que la estaba tomando con ella sin ninguna razón...

¿Sin ninguna razón?

¡Ja!

Las verduras tenían demasiada sal, el pan estaba quemado y por su culpa se me ha caído el móvil en una zanja cuando intentaba atender su llamada.

Como si fuera poco, al llegar a casa la calefacción se había apagado...

¿Sin razón?

¡Ja!

Ella me ha dicho que estaba convencida de que yo la maltrato injustamente, pero que como no quería complicar las cosas se callaba la boca.

Estuve de acuerdo en este último punto.

Por la noche he escuchado el ruido del bofetón que le ha dado a nuestro hijo.

Es que él también se lo busca.

Otra vez ha llegado tarde a casa, ha vuelto a romper el rompevientos (con lo que cuesta un rompevientos) y encima, ha traído una mala nota justamente en el trabajo que hizo en casa con su madre.

Mi hijo casi no ha llorado, se ha metido en su cuarto dando un portazo.

Pero yo conozco al niño, lo conozco muy bien...

Dará una patada en la puerta del clóset, romperá algún juguete estrellándolo contra la pared y luego encenderá el televisor para ver *Terminator*, que hoy vuelven a poner en el canal 6.

Mañana al salir de la escuela quizá mi hijo golpee a alguno de sus compañeros.

Estoy pensando que el hijo de mi jefe va a clase con el mío...

Con un poco de suerte, quizá ese niño se lleve un buen golpe por culpa del desgraciado de su padre.

Pongámonos de acuerdo en dos pequeñas muestras de la ignorancia, que se desliza a todo lo largo de esta historia:

POR UN LADO, SÓLO LOS IGNORANTES GASTAN SUS ENERGÍAS EN TRATAR PERMANENTEMENTE DE HACER RESPONSABLE A OTROS DE TODO LO QUE LES SUCEDE.

POR OTRO, SÓLO DESDE LA IGNORANCIA SE PUEDE CREER QUE LA VENGANZA ESTÁ EMPARENTADA CON LA JUSTICIA.

¿Está claro?

HOY ES EL MAÑANA DE NUESTRO PASADO

Sólo los que nunca han subido al tren hacia la sabiduría viven en función de un futuro que promete ser mejor cerrando los ojos al obvio análisis de que solamente puede disfrutarse en el presente, aunque éste sea también la puerta al dolor de las actuales frustraciones de nuestra existencia.

Nuestra biografía es más la historia de nuestra manera de ser, única y personal, que el resultado del absurdo esfuerzo que hicimos para poder llegar a ser lo que no éramos o lo que es lo mismo, para lograr parecernos a la mayoría.

Somos mucho más el producto de la responsable elección de nuestras respuestas, que la consecuencia de una sumisa entrega a las pretensiones de los que intentan decidir por todos.

Los ignorantes son coherentes, aunque no lo sepan (lo que no significa que todos los coherentes sean ignorantes) y esa coherencia los tranquiliza, aunque también los arraiga a su realidad de ignorantes.

La ignorancia es la única etapa que el individuo no consigue por sí mismo, habita en ella con absoluta naturalidad, y si nada lo saca de ahí se quedará en la ignorancia para siempre. Y seguramente, ésta sea una de las razones por las que hay millones de ignorantes.

HISTORIAS DEL PRESENTE

—¿Si los tiburones fueran personas —preguntó la niña al señor K—, se portarían mejor con los pececillos?

—Claro —dijo él—, si fueran personas harían construir en el mar unas cajas enormes para los pececillos, con toda clase de alimentos en su interior, y se encargarían de que las cajas siempre tuvieran agua fresca y adoptarían toda clase de medidas sanitarias.

Si, por ejemplo, un pececillo se lastimara la aleta, le pondrían inmediatamente un vendaje de modo que no muriera antes de tiempo. [...]

Naturalmente, habría escuelas.

En ellas, los pececillos aprenderían a nadar hacia las fauces de los tiburones.

Se les enseñaría que para un pececillo, lo más grande y lo más bello es entregarse con alegría a los tiburones. [...]

Si los tiburones fueran personas cultivarían el arte, claro está. Pintarían hermosos cuadros, de bellos colores, de las dentaduras del tiburón. [...]

Tampoco faltaría la religión que enseñaría que la verdadera vida del pececillo comienza en el vientre de los tiburones.

Si los tiburones fueran personas, los pececillos dejarían de ser, como lo han sido hasta ahora, todos iguales. Algunos obtendrían cargos y serían colocados por encima de otros. Se permitiría que los mayores se comieran a los más pequeños. Eso sería en verdad provechoso para los tiburones, puesto que entonces tendrían más a menudo bocados más grandes y apetitosos que engullir. [...]

En pocas palabras, si los tiburones fueran personas, en el mar no habría más que cultura.

Bertolt Brecht

Uno no puede evitar ser ignorante y, de hecho, es necesario ser consciente de haber estado en la ignorancia para poder salir, alguna vez, en pos de la sabiduría.

La etapa del ignorante es inevitable, pero una vez que se ha completado debe ser abandonada. Muchos son los que se quedan habitando para siempre este lugar conocido intentando hacer cada vez mejor sólo lo que se espera de ellos.

Son los que se refugian en definir la libertad como "la capacidad de elegir lo que se debe".

Son los que saben que, si se apartan de la senda marcada, la sociedad los acusará, con todo derecho, de haber dejado de ser un buen ciudadano, un buen vecino, un buen amigo, un buen compañero o un buen hijo y, por supuesto, temen desmedidamente a esa crítica.

Cuando el ignorante acepta transformarse en un buscador, su vida le descubre demasiados cambios, demasiados estados de ánimo, demasiados frentes y cada uno tiene algo que contribuye a tu crecimiento. Un buscador no puede quedarse confinado a un pequeño espacio, aunque le parezca confortable y cómodo, no se cierra, no se queda, no se detiene, indaga y busca. Es un aventurero.

LLEGARÁS A ESTE PUNTO MUCHAS VECES.
NO UNA, SINO MUCHAS VECES.
Y CADA VEZ QUE SUCEDA DEBERÁS ELEGIR
ENTRE EL RESPETO DE LA GENTE
Y TU PROPIO RESPETO POR TI MISMO.
OJALÁ ELIJAS SIEMPRE LO MEJOR PARA TI.
ESO SERÁ CONGRUENCIA,
AUNQUE LE PAREZCA A OTROS INCOHERENTE.

SHIMRITI

El viaje de Shimriti

Segunda parte

A medida que se acercaban a la estación, Shimriti apretaba la mano del maestro con más fuerza, encontrando siempre su respuesta confortante y tranquilizadora.

Al bajar del tren, miró fascinada la variedad de carteles señalizadores, los relojes con la hora de ese momento, en otros lugares ("ciudades del mundo", le dijo el maestro), los infinitos puestos de periódicos, la gente discutiendo acaloradamente en un bar muy grande con mesas desparramadas en el patio. Los parroquianos discutían y reían a la sombra del gran cartel que casi ostentoso mostraba con orgullo el nombre de la estación:

DATA

Camino del pueblo, en el taxi, ella se llevó su primera gran sorpresa:

—Llévenos al barrio de la Información, por favor —había dicho el maestro.

—Bien —contestó el conductor.

—¿Sabe cómo llegar?

—Sí, claro.

—No vaya por la universidad porque están arreglando el pavimento.

—¿Ah, sí? No lo sabía. Intentaré acordarme...

En su Ignorancia natal también debía haber —ahora lo entendía por primera vez— cosas que ella sabía, pero aquella Nitsa que fue, nunca supo qué sabía y qué no. Siempre recordaba las dificultades después de toparse con ellas.

Más tarde conoció esta ciudad, donde cada uno sabía lo que sabía y también era plenamente consciente de lo que no sabía.

Mirándolos, y sólo mirándolos, Shimriti aprendió a darse cuenta de todo lo que nunca había aprendido, y en ese momento supo, asimismo, que podría aprender todo cuanto quisiera de lo ignorado.

Se dio cuenta también de que algo había cambiado para siempre:

Shimriti nunca más podría ignorar que había muchas cosas que no sabía.

El buscador

*Un buscador sabe perfectamente todo
lo que no sabe.*

LA REBELDÍA DEL BUSCADOR

Tengo conciencia de algunas de las cosas que sé y de muchas
de las cosas que no sé.

Y dentro de las primeras está el saber que vivo en un mundo de
sombras donde hay algunos sectores más iluminados que otros y
muchos totalmente oscuros.

Esta conciencia, que todo buscador tiene, no sólo le empuja a
explorar permanentemente sino que también le obliga a cuestionar lo establecido.

Sabiendo lo que desconoce la búsqueda, irremediablemente terminará, como he dicho, cuestionando lo que otros saben, intentando llegar más allá o animándose a recorrer algunos caminos
diferentes, en contra de sus condicionamientos y de los prejuicios ajenos.

La solución a nuestros condicionamientos no pasa por la idea
de la rebeldía completa contra la estructura social, tomada como
un todo. Ésta sería tan absurda como pensar en un aislamiento

absoluto y permanente, que "nos proteja del contacto tóxico con el afuera condicionante".[15]

Lo cierto es que necesitamos de los otros, aunque se argumente que este aspecto gregario del hombre se debe a que hemos sido educados así por padres, hermanos mayores, docentes y profesores. Es decir, que somos sociales, incluso para aquellos que quieren justificar esta inclinación interpretándola como una "necesaria" manipulación cultural, que actúa en nosotros desde la niñez para minimizar nuestra tendencia a la individualidad, en pos del futuro bien común.

Sin embargo, muchos prestigiosos investigadores de la sociedad, como Humberto Maturana, por ejemplo, sostienen que la tendencia a estar con otros es, más bien, algo esencial del individuo, independiente de sus necesidades prácticas. Aseguran que la génesis de todo lo "humano" que tiene la raza humana, se apoya en el interés por el contacto emocional con los demás.

Sea como fuere, incuestionablemente, de la interacción entre los individuos y el grupo al que pertenecen surgen las costumbres, los hábitos y aquello que es obvio para cada sociedad. Un bagaje de cosas que de alguna manera existen para aliviarnos el camino.

TODO LO QUE SABEMOS, SIN SABER CÓMO LO SABEMOS
(QUE EN PARTE SE SUPERPONE A AQUELLO QUE ANTES LLAMÉ
"CULTURA") NOS AYUDA A NO TENER QUE REPLANTEARNOS
UNA Y OTRA VEZ LAS COSAS DESDE EL PRINCIPIO.

También es cierto, y no es una buena noticia ni una novedad, que estos conocimientos adquiridos en general cuando todavía no podíamos ni comprenderlos, condicionan nuestra conducta al determinar ciertas maneras de ver el mundo, al contener ciertos mandatos, al restringir ciertas libertades.

Sin embargo, lo que importa no es saber si deben existir o no las normas educativas o la inevitable influencia de nuestros padres (que sería como preguntarnos si es bueno que exista la cultura).

LO VERDADERAMENTE IMPORTANTE ES SABER SI UNO VA
A ATREVERSE O NO A CUESTIONAR Y AUN A DESOBEDECER
ALGUNA DE ESAS NORMAS, LLEGADO EL MOMENTO EN QUE
SU REALIDAD LO NECESITE.

Incluso, dispuesto a admitir que algún condicionamiento pueda ser hasta necesario, y aceptando que no podemos prescindir totalmente de su influencia, podremos siempre luchar para que aquellas censuras "externas" o trasplantadas no sean absolutas ni obligatoriamente determinantes de nuestras decisiones.

Como psicoterapeuta y como especialista en salud mental, aseguro que no hay mejor manera de empezar a pensar en el desarrollo saludable de la psique humana que asumiendo la responsabilidad de volverse autónomo.

La palabra "autonomía" viene de *auto* (por o para uno mismo) y *gnomos* (norma). Autónomo es, por lo tanto, aquel que fija sus propias normas, aquel que es capaz de definir libremente sus propias reglas.

Tan libremente que hasta podrían coincidir con las reglas de la sociedad en la que vive...

Tan libremente que no puede evitar su tendencia a honrarlas y respetarlas...

No me gusta que se confunda lo que digo con el mero concepto coloquial de rebeldía; no me refiero a la insurrección y tampoco a alguna que otra traviesa indisciplina.

Hablo de una actitud de total responsabilidad, es decir, de una decisión por la cual estoy dispuesto a responder.

Hablo de pensamiento creativo.

Hablo de mantener mis principios y mi conducta en un nivel más alto que el de la obediencia ciega, y lejos de su hermana gemela: la (ciega) desobediencia.

Repito:

ESTABLECER NORMAS NO QUIERE DECIR EN ABSOLUTO
SALIR A DESAFIAR LAS REGLAS DE LOS DEMÁS, SINO
SIMPLEMENTE DECIDIR LAS PROPIAS.

Cuando éste es un acto adulto y maduro (y no un intento de autoafirmación adolescente) puede suceder, y de hecho sucede, que mis reglas terminen concordando con las de mi vecino.

¿Por qué debería extrañarme? Estamos viviendo en un mismo lugar, con costumbres similares, compartiendo cosas que a ambos nos atañen y defendiendo pautas que a ambos nos convienen. ¿Cómo no pensar que compartiremos también una ética y un concepto moral?

LA DESOBEDIENCIA

Sé que de alguna manera es un prejuicio, pero la verdad es que personalmente me asustan más los obedientes que los desobedientes. Tal vez por alguna asociación caprichosa con la historia de las heridas sangrantes de nuestro vapuleado planeta, siempre me ha parecido que las grandes catástrofes de la humanidad llevadas a cabo por la mano del hombre han estado, sin excepción, ligadas a personas que después argumentaron que "no podían hacer nada más que obedecer" (en el mejor de los casos porque no se tomaron el tiempo de buscar otra alternativa).

El bien es lento porque va cuesta arriba. El mal es rápido porque va cuesta abajo.

ALEJANDRO DUMAS

Cierto es que a los grandes transgresores en general tampoco les ha ido muy bien, pero por lo menos podemos consolarnos estudiando qué pasó con los que siguieron después de ellos, beneficiarios a veces involuntarios del valor de aquéllos.

Como hemos visto, según el mito, la historia de la humanidad empieza simbólicamente cuando Adán y Eva desobedecen el mandato de Dios y comen del fruto del árbol prohibido.

De algún modo, cortan allí el cordón umbilical que los ligaba a él y, como dije, en este acto de desobediencia rompen el vínculo primario con la vida en el Paraíso y se transforman en individuos.

Desde allí y hasta aquí, el hombre continuó evolucionando casi siempre mediante actos que se pueden rastrear si seguimos la ruta de la desobediencia. Estoy diciendo que el desarrollo de la humanidad sólo fue posible porque hubo hombres y mujeres que se atrevieron a decir que no...

Dijeron NO... a alguna prohibición del poder impuesto.

Dijeron NO... a una tradición que no se podía cambiar.

Dijeron NO... a las costumbres a las que era peligroso no adherirse.

Dijeron NO... al orden preestablecido que se consideraba suicida alterar.

Y que conste que este señalamiento emblemático no es exclusivo de nuestra sociedad, porque lo que Adán y Eva representan en el mito judeocristiano, Prometeo lo simboliza para la mitología griega. También la civilización helénica fundamenta alguno de sus progresos en un acto de desobediencia.

Al robar el fuego, hasta entonces en poder de los dioses, para entregarlo a los humanos, Prometeo abre el camino hacia la evolución del saber y el confort del hombre.

Igual que Adán y Eva, Prometeo es castigado por su desobediencia (en su caso, a estar encadenado por toda la eternidad).

Pero Prometeo no es sólo un hombre, es un héroe, y tal vez por ello no se arrepiente ni pide perdón. Por el contrario, declama orgulloso:

—Prefiero estar encadenado a esta roca antes que ser el siervo obediente de los dioses.

La libertad es un acto de desobediencia, como nos enseña Prometeo. Y también el primer paso hacia el conocimiento del bien y del mal, como nos enseña el mito bíblico.

SI UN HOMBRE SÓLO PUEDE OBEDECER, ES UN ESCLAVO,
PERO SI SÓLO PUEDE DESOBEDECER ES UN RESENTIDO
Y, AUNQUE PAREZCA MENTIRA, EN NINGUNO DE LOS DOS
CASOS ES LIBRE.

EL CORAJE DE LA DESOBEDIENCIA

Para animarnos a desobedecer
debemos poder soportar la posibilidad de quedarnos solos,
debemos perder el miedo a equivocarnos,
debemos tener la presencia para volver a empezar si fuera necesario y
debemos estar dispuestos a pagar el precio de nuestro desafío.

Dice Erich Fromm que durante la mayor parte de la historia alguna minoría ha gobernado a la mayoría, y que dentro de esa realidad convenía a los poderosos identificar la obediencia con la virtud y la desobediencia con el pecado.

Este dominio fue necesario porque estaba aceptado el hecho de que las cosas buenas sólo bastaban para unos pocos.

Si además de gozar de esas cosas, los poderosos deseaban que los otros les sirvieran trabajando para ellos, se requería un paso previo: que la mayoría aprendiera a obedecer.

Sin duda, continúa Fromm, la obediencia puede decretarse por la fuerza; pero este método tiene muchas desventajas. Primero, porque establece la amenaza constante de que algún día los muchos lleguen a tener los medios para derrocar a los pocos. Segundo, porque el costo de ese sometimiento es demasiado en dinero y en vidas de sirvientes. Y por último, porque hay muchos trabajos que no pueden realizarse apropiadamente si la obediencia sólo se respalda en el miedo.

La obediencia debió transformarse, por tanto, en algo que surgiera del interior del hombre. Las clases menos privilegiadas debían desear, e incluso necesitar, obedecer en lugar de hacerlo sólo por temor a una represalia.

Si pretendía lograrlo, explica el psicoanalista estadunidense, la autoridad debía asumir las cualidades del Sumo Bien, de la Suma Sabiduría y, conseguido esto, proclamar que la desobediencia es un pecado y la obediencia una virtud.

Uno no puede evitar preguntarse por qué alguien aceptaría considerar la obediencia como algo bueno o deseable... Y la mejor respuesta posiblemente, es la que aporta el mismo Fromm: "Sólo decidiendo que obedecer sin cuestionar es una respuesta elegible y noble se podría convivir con la sumisión sin detestarse a sí mismos por ser cobardes".

Pero desde el aspecto de la motivación y las ventajas psicológicas del obediente podrían contemplarse otras aristas:

El que solamente obedece nunca se siente solo, el poder lo acompaña mientras lo vigila. Al ponerse voluntariamente del lado del que manda, participa aunque sea en forma tangencial del poder al que se somete. De alguna manera se siente seguro y protegido, por la verdad que comparte con el poderoso y por ello se siente más fuerte.

"El que obedece nunca se equivoca", dice el refrán popular, porque, aunque se equivoque, el error no es propio pues es el poder el que decide por él.

No es difícil entender la tendencia del ignorante a obedecer y los problemas que genera el buscador con su natural inclinación a cuestionar...

Si un buscador no sólo se atreve a decir que "no" a las normas del poder, sino que además decide crear sus propias normas, no sólo se vuelve un desobediente, sino que también se define frente a todos, como una potencial amenaza al orden establecido.

FRENTE A UN INDIVIDUO ABSOLUTAMENTE AUTÓNOMO,
LA SOCIEDAD DEBE DARSE CUENTA DE QUE CORRE
EL RIESGO DE QUE ESTA LIBERTAD PARA CUESTIONAR
LAS NORMAS SEA TAMBIÉN ELEGIDA POR OTROS.

Dice el buscador:

"Yo no pretendo imponerte mis valores; respeto los tuyos. Y tú puedes elegir los propios mientras respetes los míos. Prometo no intentar obligarte a obedecer aquellos que yo he elegido. Si lo hiciera, ¿cómo podría sorprenderme si alguien (quizá tú mismo) quisiera obligarme a obedecer los suyos? Después de todo, tal vez, libre de elegir, elijas lo mismo que yo y sea fácil ponernos de acuerdo; o quizá, mejor todavía, descubramos el acuerdo que ya había entre nosotros antes de que tú y yo nos encontráramos."

LA OBEDIENCIA INTELIGENTE

La única obediencia que me parece compatible con la salud es la obediencia inteligente: la del que obedece sólo cuando le conviene (y no te asustes de lo que lees).

La llamo también "obediencia activa" para diferenciarla de aquella desobediencia que no es tal.

Tengo un amigo que, cuando le ordenan, por ejemplo, ir al cine esa tarde, contesta:

—¡No pienso ir! Como me has ordenado que vaya, ahora no voy.

Y sigue:

—Yo hubiera querido ir al cine, pero no quiero obedecerte, así que...

Y remata diciendo:

—¡No pienso ni pasar por la puerta!

Esto es "obediencia pasiva" y no desobediencia.

Aunque suene raro o rebuscado, de alguna manera mi amigo está obedeciendo, aunque él no se dé cuenta y aunque si le preguntáramos a él, juraría hasta el cansancio que está haciendo todo lo contrario.

> HAY UN MANDATO MÁS IMPORTANTE QUE LA ORDEN DE IR
> A TAL LUGAR O A TAL OTRO. ES EL QUE ME ORDENA:
> "NO HAGAS LO QUE DESEABAS NATURALMENTE."
> "HAZ ALGO CONDICIONADO POR LO QUE DIGO."
> "HAZ QUE YO ME SIENTA PODEROSO."

A veces, ser auténtico significa sentarme si estoy cansado, más allá de si mi interés coincide con la orden recibida. Estoy tan libre de la orden que no la siento como tal; puedo hacer lo que quiero incluso cuando alguien me ordena que haga exactamente eso.

El desafío de un buscador es darse cuenta plena de lo que hace y, si fuera diferente, de lo que verdaderamente desea hacer.

Sólo después de esa conciencia habrá llegado la hora de darse cuenta de si lo hace porque le ha sido impuesto o porque él lo decide así. Pero lamentablemente no siempre esto es tan sencillo como en el ejemplo citado.

Hay muchas razones para decidir no hacer lo que a uno más le gustaría:

Podría ser que lo que más se nos antoja fuera dañino para alguien que amamos.

Podría ser que muchos saldrían perjudicados.

Podría ser que esa acción simplemente no fuera la que más nos conviene.

Podría ser, finalmente, que éste no sea el mejor momento para esta acción.

Y hasta podría ser que lo que más nos gustaría hacer no nos conviene porque es potencialmente dañino para alguien que queremos y perjudicial para muchos, y que por eso decidamos que éste no es el momento para hacerlo.

Lo que nunca es una buena razón para dejar de hacer lo que deseamos es el mero argumento de que a alguien o a muchos no les parece lo mejor. De hecho, una de las características más importantes de un buscador es su lucha por dejar de depender de los demás y a pesar de ello seguir teniendo los oídos dispuestos a escuchar.

Para ello su arma es poner límites, y su desafío es aprender a ponerlos adecuadamente.

Un buscador —nos diría Nietzsche a la luz de Mónica Cavallé— es alguien que ha aprendido a decir "no". Y sus "no" son una afirmación; la afirmación del "no quiero", del "no estoy de acuerdo" y también, a veces, de un para nada vergonzante "no lo sé".

EL BUSCADOR ES PUES, COMO VENIMOS DICIENDO, CAPAZ
DE SABER QUE NO SABE Y PUEDE DESDE ALLÍ TRABAJAR
PARA SABER, Y SABER PARA SER LIBRE, Y HACERSE LIBRE
PARA FORMULAR UN ROTUNDO Y SANO "NO".
SÓLO ESTE APRENDIZAJE TORNARÁ POSIBLE DESARROLLAR
EL "SÍ", UN "SÍ" ASERTIVO, UN "SÍ" VERDADERO, UN "SÍ"
PROFUNDO Y COMPROMETIDO.

El ignorante casi siempre dice que sí, pero no hay en su respuesta ninguna verdad (y si la hay no es propia).

Es el "sí" a la obligación, del orgullo del deber cumplido, del buen ciudadano, de la madre sacrificada, del mártir o del resignado a hacer lo que sea para cuidar su imagen.

Así, para no defraudar intentará demostrar que él es como los demás esperan que sea: complaciente o generoso o dulce o ausente.

¿No puede un ignorante decir que no?

Sí. Claro que puede, pero cuando lo hace es sólo porque ha aprendido que en esos casos DEBE decir que no. Paradójicamente su "rebeldía" aparece únicamente si se da cuenta de que ésta es la actitud que de él se espera (como los leones amaestrados, ¿recuerdas?).

EL GRÁFICO DE ANDRY Y EL BUSCADOR

Nicholas Andry fue profesor de medicina en la Universidad de París y decano de la facultad de física a principios del siglo XVIII. A los ochenta y un años publicó un libro de su especialidad, la ortopedia, que se llamaba *El arte de corregir y prevenir deformidades en niños*. Allí aparecía un gráfico que luego se volvería muy famoso como emblema de la ortopedia y que se conoce en el ambiente médico como el árbol de Andry.

Aunque el dibujo que ilustra el planteamiento intenta mostrar los beneficios de un rígido tutor que enderece el crecimiento de un arbusto un poco anárquico, el grabado habla para mí de las diferentes etapas de un buscador.

Será porque amo tanto este cuadro que me encuentro retratado en cada trazo y creo que soy capaz de encontrar a cualquier persona que conozco en algún sector del dibujo.

En el centro, el árbol sujeto por gruesas cuerdas que intentan guiarlo para que crezca recto sin pronunciarse contra nada, sin ninguna queja, ateniéndose a lo impuesto desde fuera, dejándose llevar por la corriente, que representa al ignorante convirtiéndose en buscador.

Es el buscador, de los primeros tiempos: alineado con su tutor pero, aun así, luchando.

Las sogas no han conseguido someterlo y desborda en lo más elevado de la copa en plena expansión.

Un buscador tiene una actitud comprometida ante el estado de cosas que la sociedad impone, y esto conlleva una lucha contra el orden preestablecido que la cultura determina para las cosas: el supuesto y defendido "orden natural".

En esta lucha, las heridas y las pérdidas no son una rareza y por eso en el gráfico también representa a la izquierda un árbol en parte mutilado. No está muerto pero ha sido lastimado.

De alguna manera, representa al buscador de la segunda etapa, después de haberse enfrentado a muchos y después de haber perdido todo lo que, ahora sabe, nunca fue suyo.

Es necesario entender que la sociedad de ignorantes aborrece las negativas del buscador y trata constantemente de silenciarlo por medio de amenazas, críticas, burlas y discriminaciones.

Un antiguo cuento habla de un viejo profeta que había tenido un sueño...

El sueño anticipaba que un día cercano iba a caer una lluvia contaminada. Como una revelación, el viejo veía en su sueño que la gente bebía de aquella agua e instantáneamente enloquecía, se volvía absolutamente loca. Entonces, cuando el sueño se repitió, el viejo profeta comenzó a pensar que se trataba de una revelación divina.

Como vivía en una ermita, apartado de la sociedad, bajó al pueblo, donde estaban muchos de sus amigos, a decirles lo que el sueño le había anticipado: que pronto caería una lluvia contaminada y que quien bebiera de ella caería víctima de la locura. Dicho esto, les pidió que por favor comenzaran a recoger agua para que el día que cayera la lluvia no tuvieran que beber el agua de los pozos ni de los ríos, pues si lo hicieran se contaminarían inmediatamente.

La gente pensó que el pobre viejo estaba delirando, que éste era otro de sus signos de senilidad, y le dijeron sí como a un loco. Pero él se fue tranquilo, creyendo que los había convencido.

En los días que siguieron soñó una y otra vez con la lluvia.

Entonces bajó nuevamente al pueblo para ver si habían recogido el agua.

Todos dijeron, tratando de parecer sinceros:

—Sí, claro, por supuesto. Ya juntamos el agua.

Aunque internamente todos se reían de la fantasía del viejo cuya cabeza ya no funcionaba con coherencia...

Finalmente, el día revelado llegó y la lluvia cayó.

Tenía un color medio verdoso y el viejo supo enseguida que ésa era la lluvia contaminada.

Por supuesto, había almacenado cantidades de agua en barriles de toda clase, por si acaso. Así que dejó de beber agua de los pozos y de los ríos y sobrevivió con el agua que había atesorado en su casa.

Cuando dejó de llover, dos días después, el viejo bajó por tercera vez al pueblo.

Algo muy raro había ocurrido...

La gente se peleaba entre sí, nadie confiaba en los demás, todo el mundo discutía, todos querían ser los dueños de las cosas ajenas y apropiarse de los bienes comunes.

La gente entraba en la casa del otro diciendo que era suya, algunos ocupaban las plazas, otros robaban objetos y todo el mundo reñía sin cesar.

También se reían de cosas sin sentido y lloraban todo el tiempo comportándose como si estuvieran de verdad locos.

El viejo profeta se situó en el centro de la plaza y dijo:

—Escuchadme... ¿Veis cómo estáis? Estáis así porque seguramente no recogisteis el agua. Habéis estado bebiendo el agua contaminada. Pero yo he guardado para todos; no bebáis más de los ríos y los pozos porque puede dañaros definitivamente si lo hacéis durante mucho tiempo. Aquí tengo agua; os traeré más después.

Los del pueblo le pusieron el barril de agua por sombrero y, diciéndole que estaba delirando, lo empujaron de vuelta por el mismo camino por el que había llegado.

El viejo volvió a soñar esa noche.

Solo en su ermita, pudo ver en su sueño que si la gente bebía de aquel agua durante siete días seguidos, su locura sería permanente.

Desesperado, muy temprano, a la mañana siguiente bajó al pueblo por cuarta vez. Traía con él ahora varios barriles de agua y dijo a los lugareños:

—No os cuesta nada escucharme. Estáis bebiendo del agua contaminada y eso os volverá locos cuando se cumplan siete días. Tomad de ésta, que yo tengo para todos.

Primero se rieron y luego, siguiendo el ejemplo, de no se supo quién, empezaron a apedrearle hasta que se fue.

Pero el viejo insistió; después de todo éstos eran sus amigos, sus vecinos, la única familia que tenía en el mundo. Al día siguiente volvió a bajar.

Esta vez, los del pueblo lo cubrieron de brea y plumas, y después lo echaron a patadas, haciéndolo rodar por la ladera de la montaña.

Resignado, el viejo se quedó en su ermita durante muchos días sin volver a la ciudad, bebiendo exclusivamente del agua que tenía guardada, ya que, según su profecía, la de los pozos y los ríos seguiría contaminada durante un mes más.

Durante todo ese tiempo el viejo estuvo muy triste en su caverna y después de cumplidos los siete días bajó al pueblo.

La profecía tristemente se había cumplido: los hombres se habían vuelto locos de forma definitiva.

Se sintió tan apenado y solo, que rompió a llorar...

Había perdido a todos sus amigos...

Ya no podía conversar con nadie... Nadie lo entendía, todo el mundo le decía que estaba loco.

Entonces, el viejo tomó una decisión.

Entró en las casas de sus amigos.

Buscó los pozos que guardaban el agua todavía contaminada; y durante los siguientes siete días... sólo bebió de allí...

Es muy difícil aceptar el hecho de ser el único cuerdo entre locos, por eso hay tan pocos buscadores de sabiduría.

Si alguna vez tenemos la oportunidad de observar detenidamente el grabado veremos que el árbol continúa creciendo a pesar del corte profundo que le han practicado. El buscador es fuerte y resurge siempre renovado.

Hay, para mí, todavía, un tercer buscador en este cuadro.

Se trata del modesto brote que aparece a la derecha del grabado. La tercera etapa del buscador, o quizá el crecimiento de otra generación que nace en libertad: los hijos de nuestros hijos que, gracias a nuestra búsqueda si perseveramos en ella, no serán mutilados ni sometidos a ningún tutor que los ate a un listón inerte.

EXPERIENCIA Y RIESGO

La mente, dice Osho, es como un espejo retrovisor.

Es muy interesante la metáfora. Un retrovisor es de verdad un implemento muy útil: sirve para revisar lo pasado, sirve para ver quién nos sigue, sirve a la hora de detener la marcha y parece imprescindible a la hora de retroceder. Al igual que el espejo retrovisor de un automóvil, nuestra mente cumple también funciones importantes.

PERO IMAGINA QUÉ PASARÍA SI ALGUIEN, OBSESIONADO CON
EL ESPEJO RETROVISOR, SÓLO MIRARA AHÍ E INTENTARA
CONDUCIR SU COCHE CON LOS OJOS CONSTANTEMENTE
FIJOS EN EL CAMINO YA RECORRIDO...
SIN DUDA, ESTARÍA EN PELIGRO.

La mente es uno de los lugares donde queda registrado el pasado y, por lo tanto, también el lugar donde está almacenada nuestra experiencia. Usarla es importante, pero (hay que aclararlo hasta el cansancio) sólo cuando sea necesario...

¿No es, acaso, la experiencia una gran herramienta?

Claro que lo es. Pero tampoco hace falta sobrevalorarla.

A veces, una gran experiencia aporta apenas un pequeño aprendizaje acerca de la verdad.

Otras veces, una experiencia pequeña deja un gran aprendizaje y somos capaces de comprender grandes verdades gracias a ella.

APRENDER ES EL RESULTADO MÁS IMPORTANTE
QUE PODEMOS ESPERAR DE NUESTRA VIDA; PERO
ES IMPRESCINDIBLE RECORDAR QUE EL VERDADERO
APRENDIZAJE SÓLO DEVIENE DE LAS EXPERIENCIAS
VIVENCIALES Y NO DEL MERO EJERCICIO INTELECTUAL,
PORQUE LA EXPERIENCIA ÚTIL SÓLO SE COSECHA AL
RECREAR LO VIVIDO.

Por eso la regla de oro es muy breve.

La regla de oro es "hacer"... aun a riesgo de equivocarse.

Si después de haber hecho lo que nos parecía lo mejor, confirmamos que nos hemos equivocado al menos alguna cosa habremos aprendido.[16]

Tal vez que ésa no es la manera; que ése no era el momento; que ésa no era la persona.

Quizá nos demos cuenta después de todo, que "eso" simplemente no era para nosotros ¿Quién sabe?...

No sería necesario recurrir tanto a la palabra, si nuestras
obras diesen auténtico testimonio de nuestro pensamiento.

San Juan Crisóstomo

Tememos equivocarnos porque desde la niñez nos han dicho
que debemos tratar de no cometer errores. Ésta es una de las enseñanzas más importantes en todas las sociedades del mundo. Y
es la más peligrosa de todas las enseñanzas, la más dañina.

Si yo (equivocadamente) quisiera entrenar a mil niños para que acer-
taran en cada una de sus decisiones y acciones.

Si quisiera (y no quiero) una sociedad llena de niños prodigio que rara
vez se equivocasen.

Si pretendiera (vaya a saber por qué extraña maldición perturbadora)
crear un mundo de personas exitosas que dieran siempre en la diana de
sus objetivos...

¿Qué debería hacer para conseguirlo?

Solamente debería condicionar y estimular a los niños, desde la eta-
pa preescolar para que cometieran tantos errores como les fuera posible.

Pondría una única condición:

Que los errores cometidos fueran siempre nuevos errores.

Con una educación dirigida a fomentar
el error (antes que premiar el acierto)
los niños experimentarían, crecerían
y aprenderían mucho más.

Víctimas de tal entrenamiento, hemos vivido nuestra infancia
con temor a crecer hacia un lado que no sea aquél hacia el que las
sogas nos sujetan, como en el grabado.

UNA VUELTA MÁS ALREDEDOR DE LAS MARAVILLOSAS Y PELIGROSAS IDEAS DE NIETZSCHE

Sentimos la invitación de la vida a dejar de estar subordinados a otros, pero mientras somos ignorantes no queremos o no nos animamos a crecer.

A esto nos ayuda la amenaza, aprendida a fuego, pendiendo sobre nuestras cabezas:

Cuidado con apartarse del rebaño...

El precio —nos han dicho mil veces— sería insoportable: la soledad, el desprecio, el desamor, la desprotección y el abandono...

Así empezamos a andar llenos de miedo; primero, porque no conocemos nuestra fuerza y, segundo, porque nos acompaña la dolorosa intuición de que si abrimos mucho los ojos un día descubriremos que algunos de los que creímos los protectores de nuestra fragilidad no eran, en realidad, verdaderos amigos.

Un buscador intenta no vivir de ilusiones y tal vez por eso se aleja de la protección de todos.

Mónica Cavallé nos lo explica en *La sabiduría recobrada*:

Los buscadores de la tercera etapa no pertenecen al rebaño. No son ya como los camellos, en muchos aspectos se parecen al león que Nietzsche describe en *Así habló Zaratustra*.

Ocasionalmente un león se cruza con otro león; se miran con complicidad; se reconocen, respetuosos de su mutua dignidad; no hay alabanzas ni envidias.

Quizá jueguen o peleen, admirando su fuerza; quizá corran en la misma dirección disfrutando de su mutua belleza, de su mutuo y silencioso entendimiento; pero, en breve, se separan.

El que todavía vive en la ignorancia admira secretamente a estos "leones", pero vive recriminándoles su libertad, su soledad, su independencia.

Lo que en realidad sucede —y esto es muchas veces un triste y doloroso despertar para los ignorantes— es que no pueden tolerar dos cosas:

No toleran el cuestionamiento de sí mismos que la contemplación del buscador les fuerza a hacer y no soportan la imagen insignificante que este espejo les devuelve sin pretenderlo.

Es casi ley que muy pocos pueden tolerar en los demás lo que no se permiten a sí mismos.

El buscador lo advierte. Se da cuenta y no le es indiferente descubrir que, a medida que avanza en su crecimiento, los ignorantes lo miran cada vez con más recelo y a mayor distancia.

Ya nadie acaricia su cabeza.

Mucho menos le ofrece su hombro.

Pocos se le acercan.

Y quienes lo hacen, tarde o temprano, le reprochan ser como es y que ya no sea el que era.

LA TENTACIÓN DE VOLVER

Para muchos de nosotros, buscadores, hubo una oportunidad fugaz de volver y hasta fuimos conscientes de ella mientras sucedía.[17]

En ese momento, desde donde estábamos, hemos visto, casi espiando al grupo de familiares, amigos y compañeros que dejamos atrás. Los vimos reunidos, como siempre, mezclados, indiscriminados y confundidos unos con otros, cobijados por la protección y el abrigo que les concede la suma de sus cuerpos apiñados en un único punto en el universo, respirando la seguridad que da inhalar a un tiempo el mismo aire compartido... Y frente a esto, lógicamente nos hemos preguntado si no estábamos mejor entonces.

No hay que asustarse, no es necesariamente un arrepentimiento; se trata de una característica más de los buscadores, el permanente cuestionamiento de las propias decisiones...

Si nos damos la oportunidad, un instante después, confirmaremos que aquel bienestar del pasado no vale la renuncia de la libertad del presente.

He visto y asistido, sin embargo, en mi vida como profesional y como amigo al proceso de muchos buscadores que piensan en volver atrás pero no lo añorado sino porque ocupados en demostrar que ya no son ignorantes, se enredan en el rechazo al pasado como si, desde dentro, algo despreciara secretamente el ignorante que fueron y quisieran no encontrarse demasiado ligados a él.

Otros, como yo, nos sorprendimos tanto al darnos cuenta de la ausencia de carga en la espalda que nos sentimos extraños por la liviandad; casi perdidos. Ahora no necesitábamos ningún deber cumplido para sentirnos valiosos ante los demás ni ante nosotros mismos.

Sin embargo, a medida que pasa el tiempo, el buscador deja de temerle a la vida y se fascina con ser desobediente y oponerse a veces a todo lo establecido, a veces a toda autoridad y siempre a todo poder.

Es el momento de aceptar que ser un buscador también implica asumir ciertos riesgos.

Desde el principio el que hace, a diferencia del que no hace, puede equivocarse y, de hecho, se equivoca. Pero como es consciente de que ha tomado decisiones posiblemente equivocadas, a diferencia del que obedece, es responsable de esos errores.

La compensación es que como el crecimiento nunca se apoya en los aciertos sino en equivocaciones, el buscador aprende, evoluciona y crece en cada desacierto.

CUANDO HAGO ALGO POR PRIMERA VEZ Y LO HAGO BIEN,
NADA APRENDO, PORQUE AUNQUE NO SUPIERA CÓMO,
YO YA SABÍA CÓMO HACERLO.

EL DESAFÍO DE LAS SIETE A

Como Hércules, el famoso héroe griego, también el buscador deberá superar siete obstáculos si quiere seguir el camino en la dirección correcta.

Siete pruebas que debe pasar, siete lecciones que aprender, siete desafíos que le acercarán a la verdad.

Para no olvidarme, identifico cada uno de estos "trabajos" (como los llamó Homero), con una letra A

1. El desafío del   AHORA
2. El desafío de   ASUMIR RESPONSABILIDAD
3. El desafío de la   ACEPTACIÓN
4. El desafío de   ARMONIZAR LOS OPUESTOS
5. El desafío del   AGRADECIMIENTO
6. El desafío del   APEGO
7. El desafío del   AMOR

1. El desafío del ahora eterno
Vivir el presente

Cuando eres un verdadero buscador aprendes a contactar con la vida de verdad, no al descuido, no con pereza, nunca distraído. El pasado y el futuro son dos mundos imaginarios a los cuales siempre podemos huir. Están allí, disponibles, escondidos entre tus recuerdos y tus sueños. Esta prueba consiste en conservarlos y hasta honrarlos sin escapar a refugiarse en sus brazos, que no son cómodos pero sí previsibles y lejanos. Vivir el presente es la primera prueba que el buscador deberá pasar. Vivir comprometidamente, intensamente, verdaderamente.

Si vas a bailar, baila con todo tu ser, o no bailes del todo.
Y si amas, ama totalmente, o no ames para nada.

Si decides estar aquí, estate aquí; pero si te vas, márchate completamente.

No te quedes a medias, ni pretendas que cuando no estés, los otros te recuerden.

Lo que hace un buscador, lo hace con intensidad, óptimamente, lo mejor que sabe. Y lo que desecha por cualquier razón (tensión, ansiedad o angustia), lo abandona sin aprovecharse de ello.

Lo que deja atrás no le interesa, no lo usa, ni siquiera cuenta con ello, porque usándolo sabe que crea caminos para que eso vuelva a él, una y otra vez.

Una vez superada esta prueba el buscador deja de decir:

"Es que antes..."
"Porque ayer..."
"Nunca pude..."

Y también abandona las frases de:

"Mañana voy a hacerlo..."
"Mañana voy a amar..."
"Mañana voy a dejar de fumar..."
"Mañana voy a empezar mi dieta..."

Si lo quiere hacer... simplemente se pregunta:

"¿Por qué mañana?
"¿Por qué no ahora?
"¿Para qué posponer?

POSPONER ES, LA MAYORÍA DE LAS VECES, UN TRUCO
DE LA MENTE PARA RESPONSABILIZAR AL TIEMPO
POR LO QUE UNO NO SE DECIDE A ENCARAR.

Muchas personas que conozco están dispuestas a cualquier
cosa, menos a vivir aquí y ahora.

JOHN LENNON

Una vez que la prueba pasa, esta manera de vivir anclada en el aquí y ahora se convierte en una comprensión natural, la vida empieza a cobrar una nueva dimensión, y el buscador descubre que no está condicionado a hacer lo que aprendió, ni obligado a hacer lo que le dijeron que debería hacer y deja de buscar excusas en su pasado, en sus penas, en sus dolores, en sus pérdidas. Sabe que no debe llegar a ningún lugar ni conseguir para sí lo que otros desearían para el futuro de ellos.

El buscador aprende en esta etapa, lo que yo llamo el mayor descubrimiento de la salud:

PUEDE ENTRAR Y SALIR DE CADA COSA, DE CADA
SITUACIÓN, DE CADA IDEA, EN CUALQUIER MOMENTO,
SI ASÍ LO DECIDE.

Y por eso, con conciencia de todo lo que le duele el recuerdo, conquista la certeza de que ello no le impide seguir adelante.

Se da cuenta por primera vez que:

SOMOS VULNERABLES, PERO NO POR ESO FRÁGILES.

Y que en esa vulnerabilidad radica precisamente nuestra mayor fortaleza.

Me gusta mucho esta antigua historia...

Un hombre estaba muy interesado en conocerse a sí mismo, en descubrir las verdades últimas de la vida.

Toda su vida había buscado un iluminado que le ayudara a iluminarse.

Había ido de maestro en maestro, pero todo seguía igual.

Pasaron muchos años en la búsqueda. El hombre estaba ya cansado, exhausto.

Entonces un día, un anciano de un pequeño pueblo de las montañas, le dijo:

—Si de verdad quieres encontrar a tu maestro, tendrás que ir al Nepal. Vive por allí un hombre que tiene fama de ser muy sabio. Nadie sabe exactamente dónde, es una incógnita; tendrás que buscarlo por ti mismo. Una cosa es cierta: no será fácil. Dicen quienes lo buscaron que, cuando alguien llega a dar con su paradero, él se adentra todavía más en las montañas.

El hombre sabía que se estaba volviendo viejo, pero se hizo de valor y partió.

Durante dos años tuvo que viajar en camellos, en caballos, y después caminar hasta llegar al lugar, al pie del macizo rocoso del Nepal.

Pero ¿donde empezar a buscar?

La gente le decía:

—Sí, conocemos al anciano. Es tan viejo...

—Uno no puede saber qué edad tiene; quizá trescientos años, acaso quinientos... Nadie lo sabe.

—Vive por aquí, sí, pero el sitio exacto no lo sabemos... Nadie lo sabe con precisión.

—Anda por aquí. Si buscas con empeño lo encontrarás.

El hombre buscó, buscó y buscó.

Dos años más estuvo vagando por Nepal, cansado, escuálido, viviendo de frutos salvajes, hojas y hierbas y sin ningún resultado.

Sería demasiado suave decir que había perdido mucho, lo había perdido todo, pero estaba decidido a encontrar a aquel hombre.

Se decía, para animarse, que alguien tan difícil de hallar seguramente debía valer el desafío.

—¿Aunque te costara la vida? —le preguntó una tarde un campesino.

—Aun así —contestó.

—Estás loco —reflexionó el campesino—, pero si es lo que tú quieres... dicen que hay un maestro muy sabio que vive en la cabaña que está en lo alto de esa montaña... también dicen que es mortal la escalada.

Con sus últimas fuerzas trepó hasta la cima. Arañando la roca, haciendo jirones lo que quedaba de sus vestiduras, flaco, sediento, sucio y lastimado llegó a un pequeña caseta de paja.

Casi arrastrándose se acercó y empujó la endeble puerta...

Entonces vio, tirado en el suelo, el cuerpo inmóvil de un anciano.

Se acercó y se dio cuenta de que era el maestro...

Pero había llegado tarde. El viejo estaba muerto.

El hombre literalmente se derrumbó al lado del cuerpo frío del iluminado, destruido por el cansancio, el dolor y la decepción.

Durante dos días y sus noches lloró sin moverse de su lado y al tercer día se levantó y salió a beber un poco de agua.

Se encontró allí, bajo el sol, respirando la fresca brisa de las montañas.

Todos sus pensamientos habían desaparecido sin razón alguna. No había hecho nada, no había conseguido nada y no le quedaba nada por hacer.

Por primera vez en mucho tiempo se sintió aliviado, sereno, sin urgencias...

De repente de dio cuenta de que se sentía lleno de luz.

¡Nunca había sentido tal dicha!

Un pequeño ruido casi imperceptible le hizo creer que no estaba solo.

Giró y lo vio.

Allí a sus espaldas, estaba el anciano, el maestro, el iluminado.

Lo miraba sonriendo.

Al cabo de un rato le dijo:

—Así que finalmente has llegado. ¿Tienes algo que preguntarme?

Y el hombre, que tanto lo había buscado, contestó:

—No.

Y ambos rieron a grandes carcajadas que resonaron en el eco de los valles.

2. El desafío de asumir absoluta responsabilidad de la propia vida
Tomar el mando en cada decisión

Al llegar a Data, la cabeza del buscador, su mente, sus pensamientos analíticos descubren que la culpa es muy mala compañía, y decide caer en la tentación de descubrir a quien se puede hacer responsable de lo malo que pasa (siempre hay alguien).

En esta trampa es siempre el otro el que te está haciendo sufrir: tu mujer te hace sufrir, tu marido te hace sufrir, tus padres te hacen sufrir, tus hijos te hacen sufrir. La responsabilidad de lo que pasa es del sistema financiero, de la sociedad, del capitalismo, del comunismo, del fascismo, de la ideología política dominante, de la estructura social o del destino, del karma, de Dios o de la fuerza conjunta de todos ellos...

Siempre, en esta trampa, lo que te hace sufrir es algo externo a ti. Y es probable que por un momento encuentres alivio al conseguir depositar la responsabilidad en otros.

> EN EL MISMO MOMENTO EN QUE "DESCUBRES" QUIÉN ES
> O QUÉ ES LO QUE TE HACE SUFRIR, POR UN LADO PARECE
> QUE SE SOLUCIONA UN PROBLEMA PERO, POR OTRO,
> EMPIEZAS A TENER UN PROBLEMA NUEVO, QUIZÁ MÁS
> GRAVE, AHORA NO PUEDES HACER NADA PARA CAMBIAR
> LOS HECHOS; AHORA YA NO DEPENDE DE TI.

Los que todavía no han superado este prueba viven repitiendo:

- ¿Quién puede ser feliz en una sociedad injusta (o inculta, o reprimida)?
- ¿Cómo se puede ser feliz en un país materialista (o burocrático, o subdesarrollado) como éste?
- ¿Cómo ser feliz si tu hermano, si tu hijo, si tu padre no lo son?

- ¿Quién puede ser feliz teniendo que trabajar catorce horas al día haciendo algo que no le gusta?
- ¿Cómo ser feliz con una pareja que no se ocupa de ti ni te permite ser libre?

Y aunque sepamos que esto son excusas, excusas y más excusas, puestos en la queja existencial sólo quedan tres caminos:

El camino del predicador profeta, que se vuelve un soñador idealista, un místico mesiánico o un brujo agorero, y empieza a proclamar por el mundo que cuando la sociedad cambie, cuando llegue la justicia social, cuando la tortilla se vuelva, cuando todas las personas se amen unas a otras y cuando todos los ellos y ellas del universo se amen... sólo entonces arribará el momento en el que todo será felicidad. Sosteniendo frente a quien escuche que mientras eso no suceda, nuestra felicidad es imposible.

El camino del paranoico. El de urdir y fantasear tramas de confabulación mundial que supuestamente están diseñadas sólo para perjudicarnos a todos, sobre todo a los que pertenecen a su grupo, sobre todo a los más cercanos, sobre todo él...Y a partir de allí desarrollar entonces estructuras cada vez más neuróticas para defenderse de la hostilidad y el ensañamiento de aquellos confabulados.

O...

El camino del buscador de sabiduría. El que aquí propongo. Decidirnos a tomar el mando y darnos cuenta, de una vez y para siempre, de que nuestra vida depende ante todo de nosotros mismos.

RECONOCER QUE NINGÚN OTRO ES CULPABLE
DE LO QUE NOS PASA Y QUE SI NOS HAN DAÑADO
HA SIDO SIEMPRE CON NUESTRA COMPLICIDAD.

Pero haber superado el desafío anterior no permite opción, la responsabilidad de vivir en el presente nos dejará sin nadie a quién culpar. Porque la madurez consiste en no tener ya la necesidad de culpar a otros. Lo que somos, lo que vivimos y lo que hacemos es, en gran medida, el resultado de nuestra propia creación.

> *Soy el responsable de mi vida, de todos mis sufrimientos, de mi dolor, de todo lo que me ha sucedido y de todo lo que me está sucediendo. Lo he escogido así. Éstas son las semillas que sembré y ahora recojo la cosecha; soy responsable...*
>
> OSHO

El verdadero buscador crece y aprende, y la segunda prueba es descubrir, con entereza y sin acusaciones, que siempre es el principal responsable de todo lo que le sucede. Como mi maestro solía decirme: uno siempre es el dueño de sus decisiones, aunque ellas sean esclavas fieles de su convicción.

3. El desafío de la aceptación
Superar las urgencias

Con el tiempo, la mente siempre intenta envolvernos.

Una y otra vez condiciona, engaña, hipnotiza con sueños del pasado, ilusiona con sueños para el futuro. Nos presiona con imágenes de cómo deberían ser las cosas y nos anima con la expectativa de hacer realidad lo antes posible nuestras grandes ambiciones, muchas veces más ajenas que propias.

No tiene nada de malo conservar los sueños... siempre y cuando seamos capaces de perder la urgencia.

No estoy hablando de postergar, estoy hablando de aceptar, de dejar de pelearme con las cosas porque no son como yo quiero ahora, de conectar sin angustia con mi impotencia y, especialmente, de no pretender controlar la realidad externa.

Una realidad que además, para algunas culturas, ni siquiera es verdadera.

Para muchos hindúes, por ejemplo, la realidad como nosotros la concebimos es una mera percepción falsa, podría ser una ilusión, un sueño: *maya*.

Aunque nos parezca difícil tomar esta idea como verdadera, ¿por qué no plantearnos utilizar este concepto como un juego de exploración?

Parafraseando al gran Jorge Luis Borges:

¿Que tal si diéramos un paseo por la calle
pensando que las personas que pasan son un sueño?

Imaginar...
que las tiendas,
sus comerciantes,
los clientes,
los autobuses,
y el ruido,
son sueños.

Que las casas que cruzamos,
las motos que rugen,
el tren que pasa,
y el avión que cruza el cielo,
son un mero producto imaginario sin sustancia.

Seguramente algo sucederá en nuestro interior.
Sin duda una idea se hará presente.
Nos encontraremos pensando:
quizá yo también sea una ilusión...

YO SÉ QUE SOY EL SUEÑO DE ALGUIEN QUE ME PIENSA...

Y LO ACEPTO.

SÓLO ME ANGUSTIA UNA OCURRENCIA:

¿DE QUIÉN ES EL SUEÑO QUE SUEÑA AL QUE ME SUEÑA...?

Aceptar es perder la urgencia, también la urgencia de saber, también la urgencia de terminar el camino y, sobre todo, también la urgencia de descubrir todas las verdades y poseerlas.

Un buscador que pasa el desafío de la aceptación de la realidad se da cuenta de que prefiere el compromiso de la crítica sincera, aunque sea dolorosa, antes que la tibia alabanza superficial, mentirosa y complaciente. Se da cuenta de que a veces ése será el precio de su autoafirmación y de su compromiso.

Y esto, algunas veces, puede resultar molesto a algunos muy cercanos; pero siempre llegará a parecerle peligroso a la sociedad que lo vio nacer. Los dirigentes saben o intuyen que, muchas veces, el compromiso y la lucha del buscador se vuelven contagiosos, y consideran que eso es una amenaza.

Aunque no se lo proponga, el protagonismo de un buscador induce a muchos ignorantes hacia el deseo de vidas más activas, más cuestionadoras y más desafiantes; y para muchas sociedades demasiado estructuradas, inseguras o represoras, esta actitud es casi subversiva.

Pero como la sabiduría oriental nos aclara muy bien:

- La verdad no es amenazadora, sólo es inapelable.
- No es peligrosa, sólo es diferente.
- No hay que inventarla, sólo descubrirla.
- No hay que esperar que llegue a nosotros, sólo darse cuenta de que ya está aquí.
- No se puede ver estando encima de ella, sólo requiere perspectiva.
- No necesitas tu mente para incorporarla, sólo que te animes a prescindir de ella.

De hecho, bueno sería saberlo, ninguna otra cosa te impide más el acceso a las verdades trascendentes que tu propia mente racional.

4. El desafío de armonizar los opuestos
Integrar polaridades

> SI ES VERDAD QUE LA LUZ PUEDE EXISTIR SÓLO
> SI LA OSCURIDAD EXISTE,
> ¿POR QUÉ ODIAR LA OSCURIDAD?

Si la vida no puede existir sin la muerte. Entonces, ¿por qué odiar la muerte?

En la oscuridad de la noche y de la muerte, la vida brilla como un luminoso cielo lleno de infinitas estrellas.

Pero si consiguiéramos terminar con la oscuridad de la noche, con la excusa de que la oscuridad es "mala", las estrellas desaparecerán de nuestra vista para siempre.

De hecho, eso es lo que sucede durante el día, las estrellas siguen ahí, pero hay demasiada luz y no podemos verlas.

Es un arte descubrir que siempre existen dos polos y sumarlos.

Es el mecanismo que nos permite encontrar en el sufrimiento, en el dolor o en las pérdidas algo constructivo, algo rescatable, algo que nos sirve si no nos animamos a decir "algo bueno".

Tomás Moro le escribe a su hija desde la celda donde espera su ejecución:
Nada puede pasarme que la divina providencia no quiera, y todo lo que ella quiere, por muy malo que nos parezca hoy, a ti o a mí, es en realidad lo mejor...

Suelo explicar que aun el odio y el amor, que aparentan ser tan diferentes, son los polos de una misma línea, la línea de nuestras emociones.

Y después de decirlo suelo preguntar cuál será el punto medio de esos dos extremos.

Lo hago para tender una pequeña trampa a quien me escucha porque sé lo que responderá. Me dirá "la indiferencia".

Y entonces descubro como un mago lo que siempre estuvo a la vista.

No hay ningún punto indiferente en la línea de nuestras emociones.

La indiferencia sí que es algo distinto. Algo de otras líneas y absolutamente diferente. En todo caso podremos encontrar por allí "la ambivalencia", la suma de emociones encontradas o contradictorias (como lo quieras llamar), pero nunca la indiferencia.

Hay cosas deseables que necesitan de otras menos agradables, y es necesario integrarlas, porque, si no, se corre en algunos casos el peligro de terminar destruyendo lo que amamos al librarnos de lo que detestamos. Es posible que si consiguiéramos bloquear definitiva y totalmente nuestra capacidad de enojarnos, dejáramos en letargo con aquella restricción nuestra capacidad de acercarnos afectivamente a los que queremos.

Estar vivo es un ejercicio inteligente pero no vinculado con el razonamiento binario.

Razonar es deducir, es utilizar la lógica, es encadenar la realidad al proceso mental y hay que reconocer que sacar conclusiones ofrece seguridad y garantías; de hecho cualquiera que piense puede confirmar que nuestra conclusión es correcta.

Estar vivo es espontaneidad, apertura, creatividad, sorpresa y valentía de actuar sin puertos seguros ni conclusiones confiables. Es, por lo tanto, vulnerabilidad, ingenuidad, frescura y el riesgo experimentando de momento a momento de errar el rumbo y extraviarse.

PERO PERDIÉNDOSE MUCHAS VECES ES COMO SE APRENDE
A NO EXTRAVIARSE. COMETIENDO ERRORES, UNO SE
ACERCA MÁS Y MÁS A LO QUE ES LA VERDAD.

Si el buscador quiere percibir el mundo debe abrir su conciencia a todo lo que el mundo tiene, porque sólo sumando el yin y el yang se forma el círculo completo.

Nadie puede, por ejemplo, enseñar lo que no ha aprendido, ni compartir lo que no tiene, ni dar lo que nunca ha recibido.

SI DECIDIERAS AYUDAR A OTROS ¿CÓMO PODRÍAS HACERLO
SI SIENTES QUE NUNCA NADIE TE HA AYUDADO?
¿CÓMO PODRÍAS AMAR SI NUNCA TE HAS SENTIDO AMADO?
¿CÓMO PODRÍAS HACER POR OTROS LO QUE ERES INCAPAZ
DE HACER POR TI MISMO?

Estoy diciendo —aunque no estés de acuerdo— que nunca podrás amar a tu prójimo si eres verdaderamente incapaz de descubrir tu sano amor por ti mismo.

Dicho de otra manera: estás condenado a ser insoportable para los demás si eres insoportable contigo mismo, pero puedes ser una bendición en la vida de los demás si empiezas a ver tu vida como una bendición para ti.

5. El desafío del agradecimiento

Tenemos muy buena memoria para recordar a quien nos ha ofendido y muy mala para recordar a quien nos ha hecho un favor.

MARTIN LUTHER KING, JR.

El buscador aprende a ser agradecido.

De una u otra forma, todo lo que le ha pasado en la vida, incluidos los hechos y las relaciones, sus amigos y enemigos, la buena gente y la mala; incluidos los que le han ayudado, los que han puesto obstáculos y aquellos que han sido absolutamente indiferentes... todo y todos han contribuido para que sea el que es.

De la misma forma, todo lo que suceda de aquí en adelante seguirá ayudando a crear la situación para que el buscador pueda transformarse en lo que llegará a ser, sin desearlo, sin esforzarse, sin buscarlo. Algo que, como hemos visto, es lo mejor que podría ocurrirle: asistir a su propio cambio, transformarse y seguir su viaje hacia la sabiduría.

Cuentan que...

En una ocasión, un hombre se acercó a Buda e, imprevistamente, sin decir palabra, le escupió a la cara. Sus discípulos, por supuesto, se enfurecieron.

Ananda, en ese momento el discípulo más cercano, se arrodilló ante Buda y le dijo:

—¡Dame permiso para que le enseñe a este hombre lo que acaba de hacer!

Buda se limpió la cara con serenidad y dijo a Ananda.

—No —dijo Buda—, yo hablaré con él.

Y fue caminando hasta donde el hombre hablaba con otros ufanándose de su "hazaña".

Al llegar junto a él Buda, uniendo las palmas de sus manos en señal de reverencia, le habló:

—Disculpa si interrumpo tu plática. He venido hasta ti para humildemente agradecer lo que has hecho...¡Muchas gracias! ¡Te estamos muy agradecidos! Por favor, siempre que sientas el imperioso deseo de escupir a alguien, piensa que puedes venir hasta mí. Gracias.

Fue una conmoción tal para aquel hombre... No podía dar crédito a sus oídos. No podía creer lo que estaba sucediendo. Había venido para provocar la ira en Buda. Y había fracasado.

Aquella noche no pudo dormir, estuvo dando vueltas en la cama y no pudo conciliar el sueño.

Los pensamientos lo perseguían continuamente. Había escupido a la cara de Buda y éste había permanecido tan sereno, tan en calma como lo había estado antes, como si no hubiera sucedido nada...

A la mañana siguiente, muy temprano, volvió precipitado, se postró a los pies de Buda y dijo:

—Por favor, perdóname por lo de ayer...

Buda respondió:

—Yo no te puedo perdonar porque para ello debería haberme enojado y eso nunca ha sucedido. Siempre dudo si todavía puede invadirme o no la ira y gracias a tu acción pude comprobar que ya no puede. También has permitido que mi más querido discípulo, Ananda, sepa que su ira lo aleja de su centro.

—Pero yo necesito del perdón, maestro. No he podido dormir en toda la noche.

—Ha pasado todo un día desde ayer y te aseguro que no hay nada en ti que deba perdonar —dijo Buda—, pero si tú necesitas perdón, ve con Ananda; échate a sus pies y pídele que te perdone. Él lo disfrutará.

Nosotros no somos Buda, pero seguramente podemos aprender algo de él y de esta historia.

6. *El desafío del apego*
Ser capaz de soltarlo todo

> *El pobre carece de muchas cosas que ni siquiera soñó tener.*
> *El avaro, el codicioso y el miserable carecen de todo lo que*
> *anima sus deseos insatisfechos.*
>
> SÉNECA

Éste es para mí y para casi todos el más difícil de los desafíos.

Y así debe ser, dado que para la mayoría de los maestros espirituales, la dificultad de esta prueba representa por sí sola el peso que nos mantiene anclados, lejos del conocimiento definitivo de la verdad.

Es la peor de las trampas, la trampa del apego a lo que poseemos y también a alguno de nuestros deseos.

Unos quieren una casa un poco más grande, un saldo mayor en el banco, un poco más de fama o de renombre, más poder. Otros quieren llegar a ser presidente, primer ministro o miss Universo.

Este desafío sólo se supera si tenemos el coraje de deshacernos de algunas de aquellas cosas y si nos volvemos capaces de renunciar si es necesario, a estos vanidosos proyectos.

El buscador deberá aprender que todo eso que desea, incluso todo aquello que aún no se le ha ocurrido, podría quizá llegar a tenerlo, pero que eso no cambiaría el hecho de que esas cosas, lugares o vínculos conlleven satisfacciones tan espurias, como esas cosas mismas.[18]

Dicen los sufíes:

> *Lo único valioso que tienes es aquello*
> *que no podrías perder en un naufragio.*[19]

Si aceptáramos esto como cierto, deberíamos concluir que sólo las pocas cosas que una catástrofe no se puede llevar son verdaderamente valiosas. Pero esto, a pesar de sonar trágico o difícil, está muy lejos de ser necesariamente un problema, porque un corazón grande se llena con poco, como nos advierte Antonio Porchia.

El desapego es, como dije, la más complicada prueba de un buscador.

> *Un aprendizaje que no se enseña, se entrena,*
> *que no se define, se vive,*
> *que no tiene que ver con el desinterés sino con la trascendencia,*
> *que se conquista pero no mediante el temor al apego.*

Es famosa en Oriente la parábola de la barca que los viajeros encuentran al llegar al río.

Hay quienes no se animan ni a subirse a la barca que espera impávida en la orilla para cruzarlos.

Creen que si usan la barca quedarán después tan agradecidos, tan endeudados con ella que deberán cargar con el peso de esa deuda sobre sus cabezas el resto del viaje.

Hay también muchos que usan la barca creyendo que estaba para ellos, llegan al otro lado y si antes de seguir sin más su camino sienten frío, no dudarán en prender fuego a la barca para calentarse, total ya han cruzado.

Hay otros, sin embargo, que siendo tan reconocidos como los primeros, después de tomarse unos momentos para agradecer, usan la barca, y cruzan con ella el río, sabiendo que al llegar a la otra orilla podrán dejar la barca sin apegos.

Los que dejan de usar la barca por miedo a apegarse a ella, ya están apegados.

Los que pueden conectarse y agradecer la dicha de contar con una barca sin quedarse presos de ella, son libres.

De los aprovechadores del medio es mejor no hablar, ellos siempre están dispuestos a usarte a su antojo y abandonarte después (con un poco de suerte sin destruirte).

El camino de la sabiduría no es para cobardes ni está reservado para los intelectuales. Es para aquellos buscadores que se atreven a vivir plenamente y sin apegarse a nada, ni siquiera a los resultados.

Pero... ¿puede un buscador de la verdad prescindir de los resultados?

Puede:

Porque el encuentro con la verdad, paradójicamente, sólo les sucede a aquellos que han dejado de esperarlo.

Puede:

Porque buscar la verdad esperando encontrarla es decidir previamente cuál es la verdad que debemos encontrar, y eso nos llevará a perdernos.

Puede:

Siempre que se dé cuenta de que los meros resultados sólo le sirven al ego, el cual encuentra en la verdad algo que tiene y no algo que es.

Un buscador disfruta lo que tiene, lo utiliza, lo comparte, lo regala, sin problemas, porque él sabe lo que dicen los Vedas y coincide con ellos:

> *Sea lo que sea que la vida te ha dado,*
> *es sólo un préstamo.*

Una de las primeras historias que escribí era un minúsculo cuento que se me ocurrió para intentar ayudar a un paciente mío de aquel entonces, en su infructuoso camino de ambición.

El cuento se llamaba simplemente "Posesión".

El hombre caminaba distraídamente por la calle cuando la vio.

Era una enorme y hermosa montaña de oro.

Allí estaba, sola, como abandonada, esperándolo.

El sol le daba de lleno y al rozar su superficie, reflejaba tornasoles multicolores, que la hacían parecer un personaje galáctico salido de la más costosa película de Hollywood.

Se quedó un rato mirándola como hipnotizado.

"¿Tendrá dueño?", pensó por fin.

Miró para todos lados, pero nadie estaba a la vista.

Al fin, se acercó y la tocó.

Casi con sorpresa se dio cuenta de que estaba tibia.

Pasando los dedos por su superficie, le pareció que su suavidad era la correspondencia táctil perfecta de su luminosidad y de su belleza.

—La quiero para mí —pensó en voz alta.

Muy suavemente la levantó y comenzó a caminar hacia las afueras de la ciudad llevándola en brazos, como quien carga a una novia hacia el lecho nupcial el día de su boda.

Fascinado, entró lentamente en el bosque y se dirigió al claro, donde nadie pudiera interrumpirlos.

Allí, bajo el sol de la tarde, la colocó con cuidado en la hierba y se sentó a unos metros de distancia, sólo para contemplarla.

Los miles de verdes, ocres y amarillos del bosque en otoño hacían de marco incomparable a esa escena.

Cualquiera que pasara por allí sin hacer ruido hubiera podido escuchar hasta los pensamientos.

—Es la primera vez que tengo algo valioso que es mío. ¡Sólo mío!...

Eso pensaron los dos, el hombre y la montaña de oro.

Eso pensaron... al mismo tiempo.

La idea de "tener" algo —cualquier cosa que sea, dinero, inteligencia, poder o belleza—, pero sobre todo la necesidad de "tener" algo, es la puerta que conduce a la dependencia, a la esclavitud. Cualquier cosa que posea, si me importa demasiado tenerla, terminará poseyéndome a mí, porque mi interés desarrollará el miedo a que pueda perderla.

Es por eso que, cuando el buscador haya conseguido cierto grado de conciencia, cuando haya cruzado algunos puentes, cuando se haya enfrentado a los desafíos y obtenido alguna victoria, su cabeza le tenderá la última trampa.

Le dirá: "¡Muy bien, felicidades! ¡Mira, hemos llegado...!".

Y si en ese momento el buscador no tiene cuidado, puede caer en la ilusión del saber, en la tentación de la pereza, en la fascinación del narcisismo, en el error de subirse al tren antes de tiempo, en la desgracia de perderse para siempre entre los necios o entre los soberbios.

7. El desafío del amor
La entrega incondicional

El último de los desafíos.
  Dice Buda:

> A NO SER QUE SUCEDA EL AMOR A LOS OTROS,
> NO HAS ANDADO MÁS DE LA MITAD DEL CAMINO.
> HAY QUE LLEGAR UN POCO MÁS LEJOS.
> EL CRECIMIENTO, SI ES VERDADERO, REBOSARÁ DE AMOR.
> COMO CUANDO SE ENCIENDE UNA LÁMPARA:
> INMEDIATAMENTE EMPIEZA A IRRADIARSE LA LUZ Y CON
> ELLA EN EL MISMO INSTANTE SE DISIPA LA OSCURIDAD.
> UNA VEZ QUE LA LÁMPARA INTERNA ESTÁ ENCENDIDA,
> EL AMOR ES SU LUZ.

El amor es la fragancia que prueba que la mejor de las flores se ha abierto en lo más interno de tu ser. Es la prueba de que la primavera ha llegado y de que ya no eres la misma persona que solías ser. Es la prueba de que estás en camino.

El día que tú no ardas de amor, muchos morirán de frío.

MAURIAC

Un filósofo hindú llamado Atisha, del que ya hemos escuchado algún pensamiento, propone un ejercicio que Osho se ocupó de enseñarnos y que siempre me ha parecido maravillosamente revolucionario.[20] Lo llama "cabalgar sobre la respiración".

Cuando inspires —sugiere— piensa que estás inhalando las miserias del mundo entero.
Toda la oscuridad, toda la negatividad, todo el infierno que exista en cualquier parte, lo estás inhalando en cada inspiración. Deja que tu corazón lo absorba.

Y cuando espires —termina diciendo Atisha—, exhala toda la alegría que poseas, toda la dicha que sientas, todas las bendiciones que puedas.

Estarás pensando que has leído mal, que debe haber un error de imprenta.

Has oído o leído tantas veces acerca de ejercicios respiratorios parecidos, similares, con una metodología ventilatoria cercana a ésta... Pero en nuestras ciudades "civilizadas" nuestros "sabios" proponen justamente lo contrario.

Dicen: "Cuando espires, expulsa todas tus miserias, toda tu negatividad y cuando inspires, inhala dicha, positividad, felicidad, alegría".

Pues bien, no hay error.

El método de Atisha que hoy te propongo va exactamente en el rumbo contrario.

Toma todo el sufrimiento y derrama tu amor.

Y posiblemente te quedarás admirado si lo haces, como me pasó a mí.

LA ACTITUD Y LA TAREA CORRECTAS
PARTEN DE UN SUPUESTO QUE
LA PRÁCTICA CONFIRMA.

Cuando absorbes los sufrimientos del mundo voluntariamente, tu corazón los cambia en no-sufrimiento de inmediato, porque el corazón de los generosos de espíritu posee la fuerza transformadora del amor. La fuerza de los que ofrecen porque tienen qué ofrecer y no piden no por orgullo sino porque sinceramente no necesitan nada que no tengan.

Ama hasta que te duela.

MADRE TERESA DE CALCUTA

En esta etapa del camino hacia la sabiduría el buscador no sólo descubre la capacidad de amar sin depender, sino que adquiere la limitación de amar solamente de esa manera.

Por eso dejan de disfrutar del placer perverso de comprobar que otros dependan de él y no lo pretenden ni lo permiten. Han aprendido que nadie avanza cargando con otro ni siendo arrastrado por los demás.

Superada esta prueba, el amor del buscador se vuelve comprometido, honesto e intenso.

EL VERDADERO AMOR ES UNA PUERTA, QUIZÁ UN PUENTE,
PERO JAMÁS UNA PRISIÓN.

SHIMRITI

El viaje de Shimriti

Tercera parte

P asó mucho tiempo antes de que Shimriti se sintiera en condiciones de subirse nuevamente al tren. Casi no había sido su decisión, sino más bien un devenir natural e inevitable. Cada calle y cada acción la conducían a la estación, al andén, al tren...

Como todos, ella no quería equivocarse y subir antes de tiempo, ya que eso la llevaría a destinos verdaderamente desagradables.

Ni siquiera tenía ya la mano del maestro para que le diera consuelo o le señalara el mejor camino.

—Bienvenida a la ciudad de los buscadores —le había dicho al poco tiempo de llegar a Data—; a la próxima estación sólo pueden llevarte tu trabajo y tu deseo de saber más.

Y después de decirlo, sencillamente, había desaparecido.

Desde la ventanilla, esperando la partida hacia Gnosis, Shimriti divisó cómo los otros dos trenes, que salían de la misma estación, se alejaban del destino dirigiéndose a dos lugares que habían crecido a expensas de los ansiosos y los desubicados, los que se suben al tren antes de tiempo para no seguir siendo conscientes de lo que no saben.

Uno se desviaba hacia Nec, el pueblo habitado por los que niegan lo que no saben, la ciudad donde viven todos los necios y algunos vanidosos.

El segundo tren se desviaba hacia Superlatus, la ciudad donde terminan viviendo los que equivocan el rumbo y, creyendo haber llegado a la sabiduría, piensan que lo saben todo aunque continúan siendo ignorantes, ahora desterrados.

Shimriti no pudo evitar compadecerse de ellos.

Shimriti había aprendido que algunos equivocadamente llamaban "egoístas" a los habitantes de estos dos lugares, pero sabía también que el error era la consecuencia de un problema meramente semántico. Todo empezó porque en algún lugar entre Nec y Superlatus hay una montaña muy poblada que se llama Elego. Los que poco entienden y, sobre todo, algunos ignorantes confunden por el acento y la manera de hablar a los egoístas propiamente dichos con los desagradables montañeses de Elego. Sin embargo, el gentilicio adecuado para los que viven en la montaña de Elego es "ególatras" y quizá por un problema de alturas, se creen más altos que los demás y pretenden ser tratados como dioses. Los verdaderos egoístas están muy lejos de todo esto, en realidad son buscadores o conocedores, que se saben importantes para sí mismos, y no es usual que sean necios ni vanidosos.

Los caminos equivocados

Un necio niega que no sabe.

Un soberbio cree que lo poco que

sabe es mucho.

La psicología positiva, del mencionado Martin Seligman, rescata la importancia y el mérito de una actitud optimista frente a las dificultades. El optimismo puede definirse, siguiendo las ideas del citado investigador, como una disposición a la interpretación constructiva de los acontecimientos externos, incluidos los conflictos y las pérdidas. Dicho de otra manera, una indeclinable disposición a confiar verdaderamente en los propios recursos. Una virtud, permítaseme establecer, que nos ayuda a enfrentar las dificultades con buen ánimo y perseverancia, a descubrir posibilidades y a diseñar nuevas soluciones.

Ser libre implica una renuncia voluntaria a la cárcel de nuestra previsibilidad. Este salto al vacío seguramente impide que algunas de nuestras rígidas ideas estorben nuestra acción pero también nos desarma, dejándonos un tanto indefensos y vulnerables.

Cuando la confianza no se apoya en saber con qué recursos contamos, sino en la negación de lo que no sabemos o en la ilusión de sabiduría, no estamos yendo por el camino del conocimiento sino por el de la necedad o el de la soberbia. Cuando nuestro amor propio, o lo que yo llamo "la saludable autoestima", no se apoya en sabernos valiosos y únicos, sino en parecernos a algunos notables o famosos valorados por todos, no somos exploradores sino seguidores de caminos.

La verdad es que siempre (aunque no me dé cuenta de ello) pago un elevado precio por renunciar a mis verdaderos deseos.

Así es como poco a poco dejo de cuidar adecuadamente de mí.

Trabajo de más,
como de más,
bebo de más,
corro demasiado,
disfruto menos de las cosas,
me preocupo de más,
descanso poco,
abandono a los que quiero,
corro detrás de placeres instantáneos,
no me siento feliz,
me fabrico una úlcera,
no mido los riesgos,
pierdo conciencia de qué es lo importante y qué lo secundario,
vivo pendiente de la opinión de otros
...y lo niego cada vez que tomo conciencia de ello.

ESCALA DE VALORES
EL NECESARIO ORDEN DE LAS COSAS

Si un terremoto hubiera terminado con el endeble equilibrio que sostiene a la Torre de Pisa, los bloques de piedra esparcidos por la ciudad serían los mismos que un segundo antes del sismo, se alzaban al cielo. Pero a los ojos de cualquiera sólo serían piedras y no más una hermosa torre.

Una torre, un obelisco, un castillo o un puente no son lo mismo que la suma de los bloques de piedra que la componen, sino la forma, el orden, la secuencia en la que están apilados.

Volviendo al planteamiento de Sheldrake del extraterrestre y la radio, el conjunto de elementos que forman mi propio cuerpo o el tuyo puede reunirse en un laboratorio guardando la misma proporción, pero en el laboratorio esos elementos seguirán formando una mezcla inerte, muy diferente de lo que tú eres o de lo que yo soy.

¿Qué provoca la diferencia entre una cosa y otra?

Evidentemente, debe tratarse de un peculiar ordenamiento de la materia y una serie de especiales vínculos o lazos entre ellos.

Pero...

¿Qué diferencia a una persona de otra?

¿Qué hace de alguien un santo y de otro un diabólico personaje?

¿Qué hace a alguien atractivo a nuestros ojos y rechazable a otros?

La respuesta sigue siendo la misma, un determinado orden y una relación entre las variables presentes en ese momento.

La combinación de como mínimo, tres factores:

- lo que cada uno percibe,
- lo que comprende o interpreta
- y su propia valoración de las cosas.

Tres instancias interrelacionadas entre sí de manera inevitable y que aparecen aquí artificialmente separadas con fines de su comprensión y supuestamente ordenadas de menor a mayor según el grado de subjetividad que implican.

Por un lado, padecemos de nuestra ya definida limitación perceptiva; por otro, nuestro sistema de creencias está ampliamente influido por nuestra educación y, como si fuera poco, está nuestra personal escala ética de valores...

Me contaron esta historia:

Un día mientras un barco bajaba el Bósforo camino a Estambul, lo sorprendió una terrible tormenta de viento y lluvia. A medida que pasaban los minutos el mar se embravecía más y más. De pronto se escuchó un golpe terrible y el casco se inclinó peligrosamente. El capitán dejó el puesto de mando y reunió a los pasajeros:

—Señores, hemos chocado contra un tronco que la corriente traía. Ya revisé el daño. Y el barco...

El capitán tomó aire, se armó de coraje y anunció:

—Todo parece indicar que no hay posibilidad de salvarse. Rezad vuestra última oración, quizá estemos en manos de Dios. Sin su ayuda el barco se hunde.

Sin dudarlo un segundo, todos se pusieron a rezar.

Todos excepto el místico sufí, cuyo silencio interrumpió la plegaria murmurante de los demás.

Todos estaban azorados.

No podían soportar esta actitud.

No estaban dispuestos a transigir.

Rodearon al maestro.

—El barco se está hundiendo y tú eres un hombre de Dios; si rezas, tu plegaria será más escuchada que la nuestra. ¿Cuándo vas a empezar a rezar?

—Ahora no... —contestó el hombre santo— ...no voy a rezar.

Los hombres a bordo empezaron a esgrimir sus puños en alto.

Estaban llenos de ira.

—¿Y tú eres un hombre de Dios? En esta situación, cuando hasta los que en nada creemos estamos rezando... tú, a quien hemos tratado como un hombre santo, dices que no rezarás... es intolerable. ¿Por qué no rezas?

El místico respondió:

—Puede ser que no nos quede mucho tiempo, pero si aprendierais algo en esta vida podría ahorraros tiempo en la próxima. El miedo no es un buen motivo para rezar. El que reza por miedo no ha comprendido nada, mucho menos a Dios. Yo he tenido la suerte de comprenderlo hace mucho, por eso no rezo.

Dicen que, misteriosamente, cuando el místico terminó de hablar la tormenta cesó, tan bruscamente como había empezado, y que el barco pudo llegar a puerto a pesar de sus averías.

Dicen que no tan misteriosamente, todos los pasajeros del barco llegaron a puerto iluminados...

VANIDAD Y SOBERBIA

Si en esta combinación que condiciona mi particular manera de relacionarme con el mundo, queda ubicada en primer lugar de mi escala de valores la necesidad de ser reconocido como alguien que está por encima de los demás, habré llegado, de la mano de mi vanidad, a la soberbia.

En uno de las historias iniciáticas más breves y significativas que escuché, Mary Evans nos cuenta que había una vez un gallo tan vanidoso que creía que el sol salía solamente para oírle.

No estoy diciendo que sea indeseable cierta necesidad de aprobación (todos la necesitamos en alguna medida), estoy diciendo que ése no debería ser el objetivo de nuestra conducta y, sobre todo, estoy diciendo que es ruin la actitud de despreciar a aquellos que no les gusta lo que hago o lo que soy.

Estoy convencido de que siempre hay, como ya veremos, un momento en la vida de los buscadores, en el cual nuestros aspectos narcisistas amenazan con adueñarse de nuestras vidas. No se trata, pues, de evitar ese momento (quizá vivido como "un momento de gloria"), se trata de no quedarse estancado, enamorado de esa sensación y dependiente de estas emociones.

Mi maestro de tai chi parecía enojarse con nosotros cada vez que de casualidad conseguíamos una postura de la manera que él la pedía. Cuando confirmé que mi observación era acertada y le pedí alguna explicación me contó este cuento...

EL MAESTRO DE TRAPECISTAS

Cuentan que un grupo de trapecistas jóvenes trabajaba con esmero en un número muy especial. Su entrenamiento estaba a cargo de un viejo hombre de circo, a partir de cuya experiencia transmitía el oficio con singular dedicación.

Este hombre tenía dos actitudes totalmente diferentes.

Por un lado, era muy comprensivo con cada error. Estimulaba a los jóvenes a volver a entrenar y corregir cada equivocación una y mil veces, y en cada fracaso les aseguraba que ellos eran maravillosos y que serían los mejores trapecistas.

Sin embargo, se convertía en otro maestro cuando todo salía bien.

Entonces les decía que la casualidad no era una buena referencia, que ellos eran unos inútiles y que, en realidad, no servían para nada.

Uno de los directores del espectáculo, que había notado esta dualidad, muy preocupado le reclamó por ella y por lo que consideraba una absurda incoherencia.

—El equivocado eres tú —dijo el maestro de trapecistas—, no hay ningún error. Cuando hacen las cosas mal o medianamente bien, los estimulo, porque sé que pueden hacerlo mejor y sé que lo harán. Cuando todo lo hacen a la perfección, yo sé que la próxima vez será peor, porque mejor no puede ser, y entonces los regaño por ello. No están conmigo para ser adulados por lo que hacen bien, que dejen eso para la función.

CUANDO LA SATISFACCIÓN DE LA VANIDAD ES LA ÚNICA
RAZÓN PARA ABOCARNOS A UNA TAREA, EL RESULTADO
POR MUY EXITOSO QUE RESULTE ES SIEMPRE EFÍMERO
Y DECADENTE.

Lo vemos todos los días casi con sorpresa. Muchos de los que son coronados con los laureles de la genialidad en lo que hacen, suben al podio a recibir su premio y el aplauso de todos. Pero después, misteriosamente, casi nunca son capaces de hacer algo ni siquiera cercano a lo que producían cuando nadie los premiaba.

¿Por qué?

Aquellos a los que alcanzar la meta les satisface una necesidad narcisista, sentirán que, silenciada la vanidad del ego, ya no quedan razones para ir más allá, ya no hay necesidad de ajustarse a la gente. La historia nos muestra que una vez que el autor deseoso de fama se hace famoso quizá decida que puede dejar de escribir.[21]

LOS NECIOS

LA NECEDAD ES LA CONDICIÓN DE AQUELLOS QUE,
HABIENDO SIDO BUSCADORES, SE ASUSTARON UN DÍA DE
TODO LO QUE NO SABÍAN Y DECIDIERON NEGARLO.

El necio reniega de lo que no sabe, y por eso se empecina y se encapricha.

Aunque a veces se encapriche de puro necio...

Mantenerse en lo que no es posible es la típica actitud de los necios.

Cuenta Osho, en *Vida, amor y risa*, de una mujer que va al supermercado a comprar peras:

Ella se dirige al dependiente del mostrador de las frutas y verduras y dice:

—¿Me da usted medio kilo de peras?

El dependiente contesta:

—Lo siento, señora. Ya no me quedan peras. Acabo de vender las últimas...

Unas horas más tarde, la mujer vuelve y le pregunta al mismo hombre:

—Señor, ¿tiene usted peras?

—Señora, ya le he dicho que hoy no tengo peras. Debería venir usted mañana.

La señora se va, pero vuelve un poco más tarde con la misma pregunta.

—¿Qué tal? ¿Y ahora tiene usted peras?

El hombre, que ya está un poco fastidiado, le dice:

—Señora... Escúcheme bien... Voy a explicárselo con un juego gramatical.

—A ver... —dice la señora en tono desafiante.

—La palabra *tomate* contiene dentro de sí la palabra *toma*, ¿es correcto?

—Correcto —dice la señora.

—Y la palabra *plátano* tiene la palabra *plata*, ¿verdad?

—Verdad —responde la señora.

—Ahora viene la pregunta interesante: la palabra *hoy*, ¿tiene la palabra *peras*?

—No, claro que no —responde ella con prontitud.

—¿Seguro que *hoy* no tiene *peras*?

—¡Seguro! ¡*Hoy* no tiene *peras*! —afirma la mujer.

—No entiendo —le dice el frutero—, ¿me lo puede repetir?

—¡HOY NO TIENE PERAS! —dice la mujer, alzando un poco la voz.

—¡Pues bien, señora, ésa es la pura verdad! —dice el dependiente—; ahora que ya lo sabe, repítalo varias veces, hasta que usted misma se convenza.

Si quieres ser un buscador en camino hacia la sabiduría, busca lo que necesites pero no te encapriches, eso irrita a la gente sin necesidad y no aumenta tus posibilidades de obtener lo que deseas.

No irrites a sabiendas a la gente y, por lo tanto, evita los privilegios, aunque creas que te los has ganado y no seas prepotente, ni siquiera con aquellos que lo son contigo.

Y si estás entre necios olvídate de enseñar lo que sabes, ellos no quieren aprender y no pretendas que te enseñen lo que no sabes, porque ellos no tienen obligación (ni deseo) de compartir lo poco que saben.

Es evidente que aquellos que viven maltratando, rezongando y despreciando a todos generarán a su alrededor discusiones, controversias innecesarias y enemistades. Y no nos dejemos convencer por su estúpido argumento, que aprendieron en alguna telenovela de pobres guionistas: "Lo que pasa es que yo soy muy auténtico y entonces mi sinceridad le suena agresiva a muchos de los que me rodean".

NO PERMITAS QUE TE ENGAÑEN.
NUNCA ES NECESARIO QUE LA VERDAD LASTIME
PARA SER SINCERA.

Lo que necios y soberbios pretenden es demostrar que son mejores, que están por encima, que son superiores a ti (y a todos). Y, claro, para sostener y demostrar lo que necesitan creerse aunque no sea cierto, deberán transformar sus vidas en una competencia...

Y cuando uno vive compitiendo no puede tener compañeros de ruta, sólo puede encontrar a su alrededor más y más competidores.

En lo que a ti respecta olvida tu necedad, renuncia a tu soberbia...

Y no tardes.

No quieras ser otra cosa, no quieras ser diferente.

SERÁS MEJOR QUE HOY SOLAMENTE
SI DEJAS DE QUERER LLEGAR ANTES,
SI DEJAS DE PRETENDER IR MÁS LEJOS.

Los necios siempre creen que llegarán a algo, los soberbios siempre creen que llegarán muy lejos.

Ambos terminan, por eso, enojándose con lo que hoy sí tienen, y furiosos por no tener lo que hoy no tienen. Se irritan con lo que hoy son, mientras miran sufriendo lo que pretenderían haber sido.

Recuerdo la parábola del picapedrero.

El picapedrero llegó a su lugar de trabajo a cumplir su tarea de todos los días, subir a la montaña y picar la piedra con su mazo. Mientras lo hacía, vio desde la cima al recaudador de impuestos. Lo vio bajarse del lujoso carruaje con la ayuda de su guardia y lo escuchó reclamarle la contribución al dueño de la huerta. Lo vio también mientras se guardaba en su bolsa una parte del dinero que pagaba el pobre hortelano.

"Qué mala suerte haber nacido picapedrero", se dijo. "Qué bueno sería ser recaudador." Y no era la primera vez que se le ocurría ese pensamiento.

Al descargar el mazo lleno de rencor sobre la piedra, un extraño brillo lo deslumbró. Era una especie de brillante azulado, incrustado en la roca. Con mucho cuidado lo extrajo y lo frotó para contemplarlo en toda su magnitud.

Y entonces sucedió...

Una voz le habló y le dijo:

—Soy el espíritu de la piedra. Dime qué deseas y te será concedido.

El picapedrero no tuvo ni siquiera que pensar.

—Quiero ser recaudador —casi gritó.

Y un segundo después, para su sorpresa, estaba en el carruaje real, entrando en palacio, llevando ante el rey los impuestos recaudados ese día.

Allí estaba esperándolo su alteza real en persona. Lo miró con fiereza y odio.

—Me han dicho que me robas —dijo el rey.

—No —respondió el recién llegado tratando de ocultar sus bolsillos de la mirada del soberano—, no es verdad... Yo nunca haría una cosa así.

—Serás castigado sin piedad por esto —dijo el rey.

En ese momento el expicapedrero se dio cuenta de que se había equivocado. Debió pedir ser el rey en persona.

Mientras era llevado a las mazmorras, metió la mano en el bolsillo y sacó la piedra azulada.

—Por favor —le dijo—, me equivoqué. Perdón. Quise decir rey, no recaudador, rey.

Y otra vez, en un abrir y cerrar de ojos, cambió de identidad y se transformó en el mismísimo rey.

Disfrutó de muchos placeres en ese día, entre otros el de humillar y castigar a los demás sin razón, usando su poder de soberano y montado en sus peores caprichos. Hubiera podido quedarse así, pero a la mañana siguiente se fastidió cuando le pidió al sol que se ocultara porque sentía calor, y no le obedeció. El hombre sacó su piedra mágica y deseó transformarse en sol.

Como sol se sintió poderosísimo, pero casi cambia a ser nube cuando algunas lo escondieron detrás de su manto. Rápidamente se dio cuenta de que ellas dependían del poder del viento.

—Quiero ser viento —dijo y la piedra una vez más lo concedió.

El picapedrero estaba conforme. Levantó los techos de las casas, destruyó cosechas e inundó el puerto. Una mañana después de tapar al sol con miles de nubes, decidió visitar el valle. Para su frustración descubrió que una gran montaña estaba en su camino. El viento se dio cuenta de que la montaña era aún más poderosa que él y pidió a su piedra un último cambio.

La piedra con un tinte de resignación aceptó y el viento se volvió montaña.

Muy temprano de madrugada un picapedrero se acercó a la montaña y despacito... despacito... comenzó a hacerla añicos.

El picapedrero se despertó con un terrible dolor de cabeza.

No recordaba lo que había soñado pero se sentía como si alguien le hubiera estado martillando el cráneo toda la noche.

Razonablemente creyó que le esperaba uno de esos días terribles...

Y sin embargo, al salir hacia su trabajo, sintió, como premonición, que el mazo no le pesaba en la mano como todos los días. Subiendo la ladera se sorprendió pensando, por primera vez, que era un hombre muy afortunado.

El picapedrero sintió, sin que pudiera explicárselo, que empezaba para él una nueva vida... una vida diferente... una vida plena y feliz.

El necio es como el picapedrero antes de su despertar.

Sueña qué es lo que desea ser y vive su sueño como la única posibilidad de disfrutar de su vida, aunque a cada momento se da cuenta de que nada es suficiente (y nada lo será mientras viva comparándose).

QUIEN SE DEFINE VALIOSO PORQUE POSEE
LO QUE ALGÚN OTRO DESEA NUNCA
ESTARÁ TOTALMENTE SATISFECHO.

Hay quienes teniendo poco se sienten ricos y pasado el tiempo se creen pobres aunque no tengan menos. Si les preguntas te dirán: "Antes me creía completo tal y como era, yo estaba satisfecho con lo que tenía, ahora que soy mayor me doy cuenta de que, comparado con los que más tienen, aún no soy nada ni nadie".

Estas personas no deberían preguntarse qué les falta tener ahora, sino cómo perdieron su auténtico ser.

ENRIQUE BORRELLO

A medida que el buscador avanza el camino a la sabiduría se vuelve más y más angosto.

Junto a cada orilla hay un gran abismo.

Un simple paso en falso y uno puede caer.

Hay que ser muy cuidadoso.

El ignorante que no se ha dado cuenta de nada puede descuidarse porque no tiene mucho que perder (si te caes mientras caminas por la vereda de tu barrio las consecuencias de esa caída pueden no ser catastróficas, pero si te caes desde la última ventana del edificio más alto de la ciudad podrías no sobrevivir).

Y una de las caídas más peligrosas es la trampa de la vanidad.

HAY QUE TENER MUCHO CUIDADO CON LOS VANIDOSOS.
CASI SIEMPRE SON MUY ASTUTOS.

HAN DESARROLLADO UNA GRAN HABILIDAD
PARA ENCONTRAR ATAJOS. AUNQUE PARA
TOMARLOS SIEMPRE HAYAN
TENIDO QUE HACER TRAMPAS.

Así han llegado al lugar donde están. Un lugar ambicionado por muchos aunque, como lugar, sea detestable.

Para los demás, para los que nunca llegamos a esta estación, no será fácil ni gratuito aprender la lección; en realidad *las dos lecciones*.

La primera, donde se aprende que si un canalla aprovechado puede obtener ganancias sin pasar por la acción, el trabajo o el correr riesgos, elegirá siempre el atajo; aunque para hacerlo tenga que pasar sobre la cabeza de los que hasta ese momento se suponían sus amigos.

La segunda, donde se descubre (casi siempre en carne propia) que si en asuntos de dinero tienes una diferencia con un canalla o con un tramposo, estás en desventaja y, por ende, tu adversario lleva las de ganar.

Me imagino que te subleva lo que acabas de leer.

Puedes no creerme, pero te aseguro que es verdad y que hay pocas excepciones.

Si uno quiere ganar dinero (mucho dinero) y de manera legal, puede hacerlo. Le llevará muchísimo trabajo y la mayor parte de su vida.

Pero todos sabemos que hubo y seguirá habiendo algunos que deciden no invertir tanto tiempo ni tanto esfuerzo.

Son aquellos que quieren tener el máximo posible haciendo lo menos posible.

Los atajos (habrá que admitirlo algún día) están a disposición de todos.

Existen a nuestro alrededor los contrabandistas, los ladrones y los jugadores... alguno de ellos te invitará a unirte a su club si mantienes los ojos abiertos.

Cualquiera podría, si quisiera, intentar suerte como sacerdote de alguna extraña religión inventada, ser presidente de una empresa dedicada a la estafa de ingenuos o inventar una mágica cura para el cáncer que vendiera su producto a algunos desesperados.

Tú mismo podrías hacerlo, es verdad, y tu mérito es, justamente, que no lo hagas.

UNA ÚLTIMA ADVERTENCIA

Después de haber transitado el camino del buscador, por un tiempo te enfrentarás inevitablemente con un importante ataque de tu vanidad.

Empezarás, sin querer, a creerte un "poquitiiiiito" mejor que los demás.

Empezarás a comportarte como un dotado.

Empezarás a sentir la tentación de exhibir que no eres una persona común y corriente, que eres extraordinario, que sabes más que otros, que tienes las cosas más claras, que eres trascendente.

Pero, aunque todas estas cosas sean ciertas, y sobre todo porque son ciertas, no alardees...

UN CABALLO EN LA REGADERA

Un día, mi amigo Eduardo caminaba por la céntrica calle de Santa Fe, en Buenos Aires, cuando vio con sorpresa cómo una mujer trataba de empujar un caballo hacia el interior de un más que lujoso edificio. Sin darse cuenta, se quedó de pie mirando la absurda situación.

Al notar la presencia del inesperado espectador, la mujer le dijo:

—¡Oiga usted, señor! ¿No podría echarme una mano?

Mi amigo Eduardo es ciertamente un caballero, así que con energía se acercó y ayudó a meter a la bestia en el vestíbulo de lustrado mármol del edificio.

—Ya que está aquí —dijo la mujer—, ¿por qué no me ayuda a meterlo en el ascensor?

Eduardo se encogió de hombros y tiró de las correas del caballo al tiempo que la mujer empujaba al animal desde atrás hasta meterlo por completo en el cubículo.

Atrapado junto a los controles del ascensor, Eduardo no tuvo más remedio que aceptar la petición de la mujer que le decía desde el otro lado del caballo:

—Apriete el piso doce, por favor.

Cuando el ascensor se detuvo, entre los dos metieron el caballo en el lujoso departamento de la señora.

Mi amigo Eduardo se empezó a sentir incómodo con la situación.

Semejante animal en medio de suelos alicatados, paredes enteladas y sillones con brocados...

—Usted debe pensar que estoy loca... —le dijo la señora.

Mi amigo Eduardo es un caballero, esto es innegable, pero tampoco le gusta mentir:

—¿Loca?... la verdad que sí —le contestó.

—Hagamos una cosa —propuso la señora—: si me ayuda a llevarlo al dormitorio le doy una explicación.

Eduardo sintió cierto revoltijo en el estómago, pero como es un caballero y además bastante curioso, aceptó.

Entre los dos empujaron al caballo hasta el dormitorio.

Más específicamente al baño de la suite.

Más específicamente dentro de la regadera...

Allí la mujer ató con resolución las riendas a la regadera e invitó a Eduardo a un bien ganado café.

—Le explico —dijo la mujer—: yo estoy casada con un necio, ¿sabe usted? Y la verdad es que estoy harta de su actitud. Cada vez que le digo "Hugo, son las seis", él me contesta: "Ya sé que son las seis". Yo insisto y le aclaro: "Te lo digo porque quedamos en ir con los Rodríguez". Y él me dice: "Ya sé que quedamos en ir con los Rodríguez". "Claro, pero hoy es viernes y hay mucho tráfico", intento aclararle. Y él me dice burlonamente: "Ya sé que los viernes hay mucho tráfico". Me tiene harta...

—No entiendo —dijo Eduardo, que es definitivamente un caballero.

—Hoy es martes —explicó la señora—, mi marido vendrá tarde de jugar tenis, como siempre. Y vendrá apurado para no llegar tarde a la función de teatro a la que tanto quería ir. Entrará casi corriendo por esa puerta, se quitará la camisa en el comedor y los pantalones en el pasillo yendo hacia el dormitorio... Tirará su ropa por el suelo y entrará rápidamente a bañarse para poder salir enseguida. Unos segundos después saldrá desnudo, cubierto con la bata de baño y gritando: "¡María, hay un caballo en la regadera!"... y entonces habrá llegado mi gran momento. Lo miraré sobradoramente y le diré: "Ya séeeeee que hay un caballo en la regadera...".

Eduardo se levantó sin decir palabra y se fue; sobre todo porque Eduardo es un caballero.

El que sabe nunca grita lo que sabe.

El verdadero maestro nunca se cree superior a nada ni a nadie, vive con la certeza de que es tan sólo un ser humano, un simple ser humano. Quizá ni siquiera una persona, ni siquiera un individuo (algunos hombres y mujeres sabios han crecido tanto que han sido capaces de dejar incluso el adjetivo humano, y se definen solamente como un ser).

Un ser capaz de incluir en sí a todo el universo al que pertenecen, incluidos los opuestos y las contradicciones; aceptándolos como parte de una sola verdad.

Y cada vez que realmente creas que sabes algo que a los demás puede serles útil, asegúrate de encontrar en ti el punto mayor de humildad antes de atreverte a enseñarlo.

NUNCA PRETENDAS SER MEJOR QUE AQUELLOS A LOS
QUE TIENDES UNA MANO NI PERMITAS QUE NADIE TE
SOBREVALORE O TE TRATE COMO ALGUIEN ESPECIAL.
TÚ ERES ESPECIAL, PERO ESTA VIVENCIA ES IMPORTANTE
CUANDO ES ACEPTADA SOLAMENTE DE TU PIEL
HACIA DENTRO.

A lo largo de la historia las catástrofes gestionadas por el hombre, siempre siguieron a la llegada al poder de aquellos que se creían mejores. El gran daño lo han hecho siempre los que dijeron "ésta es la verdad" y nunca los que sostenían no saber o los que aceptaban su falibilidad. Nunca un verdadero maestro empujó a otros a graves errores; si lo hizo, no era un buen maestro, no porque necesariamente le faltaran conocimientos, sino porque con toda seguridad no lo movía el amor, por lo menos no el amor a otros...

SHIMRITI

El viaje de Shimriti

Cuarta parte

Y aquí estaba Shimriti, después de tanta dedicación y disciplina, a bordo del tren que la alejaría de Data, la ciudad en la que tanto había crecido, para dejarla en Gnosis, la gran ciudad del conocimiento.

Hubo otros maestros, otros que le enseñaron cosas tanto o más importantes, pero a ninguno de ellos tuvo tanto que agradecer. Aquel, su primer maestro, la había sacado de La Ignorancia simplemente por amor.

"Algún día —pensó— haré lo mismo por alguien."

El tren partió apartando su dirección de los trenes que se dirigían a Nec y a Superlatus. Cuando esas otras dos vías desaparecieron en el horizonte, el paisaje se volvió llano y bello, y a lo lejos empezó a verse la silueta de una ciudad que parecía agrandarse recortada en el horizonte.

Apenas una hora después, la viajera vio por las ventanillas cómo, poco a poco, el tren se detenía, exactamente delante del cartel de la estación.

Allí se leía en letras muy claras:

GNOSIS, LA CIUDAD DE LOS CONOCEDORES

En cuanto bajó el último escalón, Shimriti se dio cuenta de que todos los habitantes de aquel lugar sabían muy bien lo que hacían. Pero no sólo eso, también sabían lo que decían, lo que creían y lo que eran.

Los conocedores sabían de todo, y hasta sabían que lo sabían.

Y ella misma también lo supo.

Después de disfrutar de una pequeña caminata de reconocimiento, Shimriti no tuvo dudas de lo que quería.

Decidió ir directamente hacia el Monte de los Maestros, donde se entrenaba a los conocedores en el arte de comunicar a otros lo que sabían.

Ella sabía que debía pasar por allí si quería devolver a otros lo que había recibido.

El maestro

El conocedor o maestro es el que sabe que sabe.

Guiado por la fuerza de sus dudas y empujado por la sed de conocimiento, el buscador comienza a interactuar con aquellos que sostienen otros puntos de vista.

Se da cuenta de que se mueve en un ámbito de sombras, que nada es completamente oscuro ni totalmente luminoso.

Comienza a distinguir los matices, comienza a adentrarse en el cuestionamiento de su propio descubrirse a sí mismo.[22]

El buscador que consigue llegar a Gnosis ya es un ser centrado y conoce casi todos los mecanismos del poder. Continúa siendo un egoísta y ante todo se elige a sí mismo, pero trabaja intensamente día a día para establecer un equilibrio entre lo que su entorno le intenta imponer y lo que él desea hacer.

En esto se basa su nueva conquista: la autodependencia.

Ahora no persigue la acumulación de conocimiento dado que desde que ha llegado a su nueva morada, la cantidad no es para él un valor, en ningún área. Ahora le importa la calidad de lo que puede aprender.

Lo que otros le enseñaron y su experiencia le permiten trazar su propio mapa y afrontar el desafío de recorrerlo. Estar aquí significa, por poner un ejemplo, que puede elegir lo que desea comer y asume la responsabilidad de procurarse ese alimento (ya ha comido durante largo tiempo de lo que le han dado en la boca, mientras vivió en La Ignorancia).

Antes no tenía alternativas, ahora está dispuesto a probar nuevos rumbos.

Antes era un esclavo, ahora es libre, y lo sabe.

Antes sólo evaluaba los resultados, ahora ha descubierto su amor por la verdad.

Y esto es ya un problema.

Se da cuenta de que, en gran medida, el mundo vive de mentiras.

MENTIRAS TENTADORAS

El autoengaño, la falsedad y la distorsión son, para algunos, ámbitos muy confortables, seguros y acogedores.

Siempre es posible crear una mentira a tu medida, una "verdad" que se ajuste a tus necesidades. No cuesta mucho. Mentiras aceptables se pueden encontrar por todas partes. Las mentiras siempre son capaces de ajustarse a tus necesidades, pueden ser hermosas a los oídos de todos los demás y hasta fascinarte a ti mismo si te ocupas suficientemente de ello. Ellas son muy amables, no requieren nada de tu parte; no te exigen, no te obligan a comprometerte, nunca pretenden que tú te ajustes a ellas y si no eres un tonto siempre podrás encontrar una mentira a tu medida.

En pocas palabras:

Las mentiras están listas para servirte, sometiéndose a tus antojos y necesidades.

No así la verdad, porque ella no está dispuesta a servir a nadie.

SÓLO CUANDO VOLUNTARIAMENTE TE CONVIERTAS EN
SERVIDOR DE LA VERDAD, Y LA CONTEMPLES SIN CRÍTICAS
DESDE DONDE ESTÉS, SÓLO CUANDO LA PERSIGAS EN
LUGAR DE CREER QUE TE PERTENECE Y QUE ES ELLA LA QUE
DEBERÍA SEGUIRTE, SERÁS UN CONOCEDOR, UN MAESTRO,
UN GENIO O UN ILUMINADO. SÓLO ENTONCES HABRÁS
LLEGADO A DESTINO.

El conocimiento de un maestro no termina en tener las respuestas.

Necesita comprenderlas, ser capaz de ponerlas en palabras sencillas y animarse a decírselas a otros.

Como se ha dicho tantas veces: la única condición que la verdad nos impone es la de no ponerle condiciones.

EL MUNDO ES

Hagamos juntos un pequeño ejercicio.

Completa esta frase sin pensar demasiado:

El mundo es _____ (termínala con lo que a ti se te ocurra que define el mundo y lo que hay en él).

Si yo compartiera contigo lo que ahora se me ocurre, diría: "El mundo es... una enorme pelota rebotando por el universo".
Hazlo ahora, antes de seguir leyendo.
Y, si tienes oportunidad, anota tus frases en un papel cualquiera.
No te quedes con una sola. Sigue.
"El mundo es..."
"El mundo es..."

Escribo mi segunda frase:

"El mundo es un lugar extraño que te muestra primero sus peores aspectos y al que hay que explorar si quieres encontrarle algo bueno".

Hazlo ahora, para sacarle más jugo al ejercicio. Y si no tienes con qué escribir, sólo recuerda lo que has pensado, cada frase, palabra por palabra.

¿Ya está?

Bien, acompáñame ahora en el trabajo arduo de "darnos cuenta".

Reemplacemos en nuestras frases "El mundo es..." por "Yo soy...", y mantengamos el resto tal como lo escribimos.

Las mías quedarían así:

"Yo soy... una enorme pelota rebotando por el universo."

(Creo que debería ocuparme de ponerme a dieta de una vez por todas...)

"Yo soy... una persona extraña que te muestra primero sus peores aspectos y a la que hay que explorar si quieres encontrarle algo bueno."

(Pues... sí.)

Intenta utilizar este ejercicio para darte cuenta de algo de ti, para confirmar lo que ya sabías...

Aprovecha para tomar conciencia también de esto:

> TÚ, YO Y TODOS, VEMOS EL MUNDO DE ACUERDO CON LO QUE SOMOS, AL MENOS, DE ACUERDO CON LO QUE VEMOS EN NOSOTROS MISMOS.

LOS DOS PUEBLOS

Un hombre joven, cargando una pesada maleta, llega caminando hasta la entrada de un pueblo. Allí, sentado en una roca, hay un anciano fumando su pipa.

—¿Cómo es la gente de este pueblo? —se anima a preguntarle.

—¿Cómo era la gente del pueblo del que vienes? —le responde el anciano.

—Aquella gente era muy desagradable: ladrones, aprovechados, malhumorados y tristes. Cada día trataban de aprovecharse y sacar un beneficio de su vecino. El chisme y el resentimiento eran moneda corriente allí. Por eso pregunto antes de entrar. ¿Cómo es aquí la gente?

—Me temo —dijo el anciano— que no vas a encontrar mucha diferencia. Aquí la gente es igual a la del lugar de donde vienes. Lo siento.

—Entonces creo que seguiré hasta el próximo pueblo —dijo el joven antes de continuar su camino—, adiós.

—Adiós —dijo el viejo mientras seguía fumando su pipa.

Pasaron unas horas y otro joven, muy parecido en su aspecto y actitud al anterior, se acercó al anciano.

—¿Cómo es la gente de este pueblo? —le preguntó también.

—¿Cómo era la gente del pueblo del que vienes? —respondió nuevamente el anciano.

—Oh, mi gente era muy agradable. El lugar donde nací está poblado de gente maravillosa. Todos se ayudaban unos a otros. El amor y la compasión eran moneda corriente allí y uno siempre se encontraba en la calle o en el bar con alguien a quien contarle un problema o con quien compartir una alegría. Me dolió tener que irme. ¿Cómo es por aquí?

—¿Aquí? —dijo el anciano—, aquí no encontrarás mucha diferencia. En este pueblo la gente es igual a la del lugar de donde vienes. Bienvenido.

Y el joven entró en el pueblo.

EL MAPA NO ES EL TERRITORIO

Nuestra percepción del mundo es una especie de mapa compartido de su territorio.

Si pensamos en este mapa como una representación de la sociedad como un todo, cada enseñanza, cada mandato, cada creencia y cada mito (incluido el de la creación) es una guía de cómo se debe transitar por el terreno que el mapa describe.

La gente se pelea.

Unos dicen: "El mundo es malo".

Otros: "El mundo es bueno".

Considerando que el mundo depende de la propia mirada, esta discusión es tan estúpida como el diálogo de dos que pelean más o menos en estos términos:

"Yo soy delgado", dice uno.

El otro más rollizo le cuestiona:

"¡No! Yo soy gordo!"

Discuten sin darse cuenta de que los dos hablan de personas distintas...

Posiblemente el mundo no es así ni es de aquella otra manera.

O quizá sea así y también, a la vez, sea de esa otra forma.

El mundo tiene espinas, tiene rosas, tiene noches y tiene días.

El mundo es absolutamente neutro, equilibrado y además todo lo contrario.

El mundo, y más genéricamente el universo, lo incluye todo.

Quizá porque nadie parece entender este sencillo punto, los de "mente científica", que proponen cambiar el mundo, viven enfrentados con los que hablan solamente desde su "mundo interno" y sostienen que es necesario cambiar la propia mirada.

De manera emblemática, ambos encarnan dos puntos de vista diametralmente opuestos:

El de la ciencia buscando todo en lo externo y el del alma, la emoción o la sabiduría, queriendo encontrarlo en lo interno.

Y es importante saber de la insensatez de este enfrentamiento, porque como lo venimos diciendo, los sentimientos (la pura emoción) y el pensamiento (la pura razón) tarde o temprano deberán encontrarse, tanto en lo personal como en lo social, tanto en lo particular como en lo de todos, porque su búsqueda es la misma.

La ciencia sin conciencia es la ruina del alma.

REBELAIS

La reunión es imprescindible, porque la sabiduría sin ayuda de la ciencia jamás será suficiente y la ciencia sin sabiduría podría llegar a destruir el mundo.

Pero no desesperemos. De hecho yo creo que la reunión de ideas está cada vez más acerca, aunque para llegar a ella la humanidad deba antes enfrentarse a momentos de gran angustia e incertidumbre.

Una vez más, te imagino acusándome de ser un optimista empedernido.

Quizá lo sea, pero siempre recuerdo aquello que alguna vez me dijeron:

EL PESIMISTA CONSTRUYE UN INFIERNO A SU ALREDEDOR Y LUEGO DECIDE MUDARSE PARA VIVIR EN ÉL.

Y yo no quiero vivir en el infierno. Ni siquiera en uno creado por mí.

En muchos aspectos, el mundo depende de ti y de lo que escojas. Si has decidido mirar sólo lo malo, vivirás en un mundo terrible y dañino. Si, por el contrario, ves lo mejor a tu alrededor, tendrás la posibilidad de encontrar un mundo donde valga la pena vivir.

Inténtalo, prueba a ver la vida en términos optimistas.

En conexión con tu arista más espiritual, podrás entender que, si cambias tu actitud para con el mundo, todo puede cambiar y cambiará. El mundo de los demás quizá sea el mismo, pero tus ojos son ahora diferentes; tú no eres el mismo. Y no es el mero hecho de que tú lo veas diferente, sino que, en efecto, tu cambio interno provocará siempre un cambio en el mundo exterior.

Bayazid de Bistam, un místico sufí, solía repetir en sus últimos años la siguiente enseñanza:

Durante años y años preguntaba al cielo y a la gente:
"¿Dónde está Dios?"
Un día el milagro sucedió y empecé a preguntar:
"¿Dónde no está Dios?"

Enfrenta lo negativo y encontrarás lo positivo.
Los sabios de la India suelen utilizar esta metáfora:
¿Has cavado alguna vez un pozo en busca de agua?
Aunque estés cavando en el lugar correcto, al principio sólo encuentras tierra, rocas y basura.
Después de mucho trabajo encuentras el lodo, que lo ensucia todo y dificulta el trabajo. Un poco más abajo llegas al agua, aunque al principio está muy sucia y contaminada.
Si sigues cavando, y sólo si sigues cavando, probablemente llegues al agua limpia que, ahora sí, brotará cada vez más pura.

Exactamente lo mismo nos pasa cuando exploramos nuestro propio ser.
Al principio es duro y frustrante: lo que encuentras es siempre desagradable y maloliente; pero confía y persevera, porque al final aparece siempre lo mejor de ti, el más puro, prístino y transparente "tú" que existe.

EL TRABAJO SIEMPRE HAY QUE HACERLO SIN TEMERLE
A LO NEGATIVO, LO POSITIVO QUE ENCUENTRES ES TU
RECOMPENSA.

El buscador está orgulloso de lo andado, aunque sabe que le queda mucho por recorrer. El conocedor sabe que su camino se alarga a medida que lo va recorriendo. No se asusta, pero tiene la certeza de su finitud. El conocedor se da cuenta de que hay muchas cosas que nunca llegará a hacer y otras que jamás llegará a conocer.

La novedad en todo caso es que aquellas cosas, las que llegará a ver, podrán seguir dándole alegrías pero las otras, con las que no llegará a cruzarse, ya no son fuente de tristeza ni de autoacusaciones. Sus limitaciones, aun las que todavía no conoce, ya no son motivo de enfado.

Piensa en ti.

¿No te enojas demasiado con lo que no puedes cambiar?

¿Cuántas veces te ha sucedido en la última semana? ¿Y en el último mes?

¿Cuántas veces te has ido a la cama, enojado con tu impotencia?

¿De verdad crees que se puede cambiar el mundo con un berrinche?

El conocedor ya no se siente exitoso por lo que ha conseguido, ni orgulloso del lugar adonde ha llegado. Se da cuenta de la diferencia que se siente estando donde está, pero podría renunciar a todo lo logrado y volver a empezar sin resentimientos.

Ahora él sabe que lo ha hecho una vez y puede hacerlo de nuevo, aunque duda. ¿Si retrocediese en el tiempo sabiendo ya lo que hoy sabe, volvería a necesitar llegar a este lugar?

¿QUIÉN SOY?

Frecuentemente la explicación o la concepción que tenemos del mundo no son suficientes para aumentar nuestra comprensión de las cosas y de nosotros mismos. Las metas que tanto hemos perseguido se corresponden con las que están señaladas como importantes en algún mapa que hemos heredado, memorizado o aprendido de nuestros mayores.

NO SE PUEDE VOLAR NI SIQUIERA UNOS METROS, CON LA SOLA FOTOGRAFÍA DE UN AVIÓN. NI AUNQUE SEA DEL MÁS MODERNO Y MÁS AVANZADO DE TODOS ELLOS.

EL ARQUEÓLOGO

Un viejo chiste iniciático cuenta que, en su viaje por Oriente, el científico e investigador ganador del premio Oxker-Kugben encontró un cartel tallado en piedra que decía:

RUINAS EGIPCIAS

Con empeño sacó su pequeña hacha de explorador, y destrozó el letrero hasta reducirlo a astillas pequeñas. De regreso a la civilización, aseguró a la comunidad científica que aquel cartel mentía, pues en él no había nada de egipcio.

Solemos confundir los límites propios de la realidad de las cosas con la manera como las vemos o pensamos, olvidando nuestra paupérrima capacidad perceptiva y nuestra restringida y condicionada capacidad de análisis.

En *Los tres tesoros del Tao* Osho nos cuenta la historia de un gran maestro que viajaba de ciudad en ciudad compartiendo la sabiduría con la gente de cada pueblo por el que pasaba.

En uno de esos pueblos se le acercó un hombre, se arrodilló ante él y le dijo:

—Maestro, por favor te ruego que me ayudes... Aunque parezca un tema sin importancia esto es fundamental para mí. Resulta que tengo dos esposas. Una es la más bella entre las bellas, su rostro, su cuerpo y cada rincón de su piel es perfecto. La otra es verdaderamente fea, no tiene gracia ni encanto ninguno. Hasta aquí está todo bien, no me quejo. Pero resulta que la hermosa está todo el día cuidando de si misma, exigiendo vestidos y cremas y negándose a hacer nada por mí, ni siquiera esta dispuesta a darme hijos, mientras que la otra es justamente al revés. Me ha premiado con dos hijos hermosos a los que cuida y protege como nadie, lleva adelante mi casa como nadie y es la más solícita con mis más mínimos deseos. El problema, maestro, es que yo estoy mucho más enamorado de la fea que de la bella y esto genera la idea entre mis servidores de que me estoy volviendo loco... Entre ellos se rumorean cosas muy desagradables sobre mis gustos. ¿Puedes darme una explicación de esto que me pasa?

El maestro sonrió y le dijo:

—Claro. Nada es más fácil. La bella que se sabe bella ha hecho que su existencia pase por su exterior y ha descuidado lo más importante que es su belleza interna. En ese camino no ha podido ocuparse de nadie más que de ella misma y no ha conseguido avivar tu amor. Tu otra esposa, en cambio, que se sabe fea, ha querido ocuparse de su interior y de su amor por ti, como consecuencia de lo cual te ha mostrado cada día su cara más amorosa que es, sin duda, la más bella que cada uno tiene.

Al campesino se le iluminó la cara y haciendo interminables reverencias mientras caminaba hacia atrás, se alejó de la caravana del maestro.

Pasaron unos meses, y de regreso a su propia ciudad natal el maestro volvió a pasar por el mismo pueblo.

En la carretera lo esperaba el mismo campesino con la misma cara de preocupación que la primera vez.

—Maestro... maestro —le dijo casi llorando—, por favor ayúdame... ayúdame.

—¿Que ha pasado ahora?

—Recuerdas a mis dos esposas... Bien. Yo volví a mi casa muy tranquilo después de hablar contigo y conté a mis esposas que estaba muy alegre porque tú me habías aclarado lo que a mí me pasaba. Lo malo es que ambas cambiaron su actitud desde entonces. La fea sabiéndose objeto de mi amor empezó a tratar de conseguir ventajas a las cuales había renunciado hasta entonces, comenzó a mirarse demasiado al espejo y a volverse exigente y charlatana. Al mismo tiempo, la bella, dándose cuenta de su fea actitud, comenzó a cultivarse, a leer, mientras dejaba las cremas y cambiaba totalmente para conmigo. Desde que quedó embarazada se hace cargo no sólo de la casa sino también de mis otros hijos que la idolatran... El problema es que ahora la bella

202 EL CAMINO DE LA SABIDURÍA

se ha vuelto bella por fuera y por dentro y estoy totalmente enamorado de ella y la fea es totalmente fea y me parece que ya no la amo... ¿Qué debo hacer, maestro?

El maestro se rascó la barbilla y le dijo:

—Mira... lo mejor será que no hagas nada. Deja las cosas como están; cualquier acción podría producir un cambio impredecible y yo no pienso pasar por este pueblo hasta dentro de dos años...

> NUESTROS ASPECTOS MÁS DESAGRADABLES
> SIEMPRE SE MULTIPLICAN CUANDO NOS ESFORZAMOS
> EN SER DE UNA MANERA DETERMINADA.

El ignorante trata de parecerse a lo que el exterior le dice que debe ser, siendo cada vez más ignorante y cada vez más feo.

SABER O CREER

> *Sube hasta lo más alto, porque las alturas guían sólo en las alturas y ve hasta las raíces, porque allí están los secretos, y no en las flores.*
>
> ANTONIO PORCHIA

Antes de querer saber más, es importante ser congruente con cada cosa que encaro, con cada concepto que me define, con cada pedazo de la verdad en la que confío.

> CUANTO MÁS PROFUNDO BUSCO DENTRO DE MÍ, MÁS Y MÁS
> PROFUNDAMENTE CONOZCO LO QUE NO SÉ, Y MÁS ME SÉ.
> EN CAMBIO CUANTO MÁS SOSTENGO QUE CREO SABER
> LO QUE NO SÉ, MÁS EMPIEZO A ACUMULAR OSCURIDAD.

Y es muy importante conocer la diferencia entre creer y saber.

Creer es opinar, y no tiene nada de malo, pero saber es tener certeza, y es bastante más tranquilizador.

Yo no supongo que mañana saldrá el sol.

Yo lo sé.

Y también sé que no es lo mismo.

Es posible que suceda que mientras avanzo hacia la sabiduría, descubra que llego a alguna certeza en la que antes solamente creía. Está bien y es muy diferente porque el valor de las cosas ha cambiado.

Algunos pueden contarte, por ejemplo, cómo han conseguido llegar a Gnosis, cómo se volvieron maestros, por qué están en este lugar. Puede ser que ellos se decidan a escribir sobre las dificultades que debieron evitar, qué los ayudó y qué les hizo daño. Y es posible que tú les creas. Sin embargo, más allá de algunas pequeñas pistas que puedan acercarte sobre el camino, nadie puede ofrecer fotografías, ni rutas selladas; porque cada individuo es único y tendrá que pasar por experiencias también únicas.

Experiencias que tal vez nadie haya tenido antes y que quizá nadie vaya a tener jamás.

PORQUE NADIE PUEDE SABER POR TI.

NADIE PUEDE CRECER POR TI.

NADIE PUEDE BUSCAR POR TI.

NADIE PUEDE HACER POR TI

LO QUE TÚ MISMO DEBES HACER.

LA EXISTENCIA NO ADMITE

REPRESENTANTES.

No te serán suficientes las experiencias ajenas. Ni siquiera las de tus maestros, porque algunas cosas que sucederán en tu camino no le sucedieron a tu maestro en el suyo.

Algunas cosas que sucederán en tu camino no sucedieron ni sucederán en el mío.

Y cuando te digo algo, esto por ejemplo, te lo digo con absoluta sinceridad. Te aseguro que es cierto y que lo comparto con toda honestidad y sin prejuicios ni segundas intenciones. Puedo probarlo porque lo que te enseño es, en todo momento, un producto de mi experiencia.

Puedes creerme... Pero nunca lo sabrás hasta que tú mismo lo hayas vivido.

Nadie puede estar exactamente en tu lugar y tener tu mismo punto de vista, ni siquiera aquellos que están muy cerca de ti.

No habrás llegado hasta que sean tus pies los que pisen la senda.

El que verdaderamente quiere enseñar algo no se conforma con que le crean, desea que quien lo escucha también sepa.

Los maestros que saben, los que en efecto han alcanzado la cima, siempre se muestran liberales y considerados.

Al regresar de su viaje orbital el astronauta ruso Serguei Krikalev declaró: "Lo que desde arriba no se ve son las fronteras entre los países".

No es posible que un verdadero maestro sea testarudo y por eso, nunca le escucharás decir: "Éste es el único camino".

No sólo porque existen en el mundo tantos caminos como personas, sino porque desde la cima de cualquier montaña siempre se puede ver que hay muchos caminos para subir hasta lo más alto.

Cuando el maestro se haya elevado a la sabiduría (después de haber llegado a la cima y seguir subiendo, ¿recuerdas?), verá incluso algunos senderos por los que nadie ha conseguido subir, ni siquiera él mismo.

Un maestro puede ver a los que suben, descubriendo, recorriendo y trazando cada uno su propia ruta, y puede, si el discípulo se deja, mostrar un atajo o avisar de un abismo.

Pero no hay que confundirse: un maestro es un conocedor, pero no alguien que tenga todas las respuestas, ni alguien que puede explicarlo todo, ni uno que conoce todos los porqués.

Durante siglos el maestro fue el prototipo del hombre sabio, del hombre realizado, del iluminado, del inteligente que tenía todas las respuestas y se sabía todos los trucos.

En la mayoría de nuestros países, el maestro de escuela había heredado esa fama. Tenía seguramente, gracias a eso, una imagen muy valorada y reconocida. Era un ejemplo y un modelo a seguir. Cuanto más pequeño fuera el pueblo y cuanto más alejada del centro de consumo estuviera la escuela, más era cuidado el maestro, más era venerado como portador de sabiduría.[23]

Para complicarnos (y quizá sólo por esta razón) el conocedor es, muchas veces, aún más egoísta que el buscador.

Revisando los datos íntimos de la historia, descubriremos que los grandes maestros, los revolucionarios de cada disciplina, los poetas, los pintores, los músicos, han sido en general muy egoístas y hasta un poco ególatras. Viven su vida, hacen lo suyo. Han dejado de formar parte de cualquier estructura, se han liberado de ellas. Están más allá, tanto que muchas veces son observados por casi todos como dementes por anticiparse a lo que va a suceder o por asegurar que saben con certeza lo que nadie sabe.

Recordemos a Van Gogh y su terrible final.

Pobre, despreciado e internado en un manicomio.

DESPERTAR

Todos hemos experimentado en algún momento de nuestra vida la sensación de comprenderlo todo claramente. Una repentina sensación de sintonía con el mundo que se nos muestra en su dramatismo y dimensión en el relato de *El reloj parado a las siete*, que alguna vez escribió Giovanni Papini.

En ese cuento el protagonista tumbado en la cama de su cuarto contempla con pasión un reloj de péndulo que cuelga de una de las

paredes. La maquinaria está arruinada y sus manecillas están deteni-
das marcando la misma hora siempre, las siete.

El hombre en el relato nos obliga a pensar que ciertamente hay dos
momentos del día, a las siete de la mañana y a las siete de la tarde, en
los que su detenido reloj parece entrar en completa armonía con el resto del universo.

En un giro genial reflexiona que también él está detenido en el tiempo, clavado e inmóvil. También él, nos cuenta, disfruta de esos fugaces momentos en que, misteriosamente se siente vivo. Instantes en los
que sabe que puede crear, soñar y decir. Tiempos en los cuales siente
su sintonía con todo y con todos.

Pasados esos momentos puntuales, él como su reloj, vuelve al aburrido andar de su vida.

Al final de la historia el personaje nos advierte:

"La vida, la de verdad, es la suma de aquellos momentos que, aunque fugaces, nos permiten percibir que existe una posibilidad de sentirse en sintonía con el universo."

Si pensamos en la metáfora del gran italiano podríamos decir
que la diferencia entre nuestros instantes de claridad y lo que
puede vivenciar un maestro o un sabio, es que éstos viven constantemente sintiéndose en armonía.

Los místicos dicen que para llegar a esa armonía, para conseguir que nuestro reloj se sintonice con el mundo verdadero y se
vuelva confiable y certero, hace falta un despertar.

Un cierto *insight*, dirían los terapeutas clásicos.

Un darse cuenta, diríamos los gestálticos.

La iluminación, para la tradición de las filosofías orientales.

La comprensión definitiva y profunda de la realidad de un
mundo, que a partir de ese descubrimiento se ha vuelto "nuevo"
y después de lo cual ni el que conoce ni el mundo que es conocido serán los mismos.

Exactamente como sucede con un niño que descubre que los

Reyes Magos no existen, que el ratón no le dejará más monedas o que la cigüeña no trae a los bebés de París... uno se da cuenta, después de un despertar importante, que ya nada será igual.

Uno ya no es el mismo y el mundo tampoco.

Seguramente se podrá decir, y será cierto, que si uno busca es porque ya sabe o intuye... Sin embargo, yo recuerdo mi dolor y mi conmoción aquel día en que me di cuenta de que en realidad mi papá no era (y nunca había sido) el mejor jugador de ajedrez del mundo.

Yo recuerdo la angustia silenciosa de mi hija, cuando tuvo su anunciada y esperada primera pérdida menstrual. Ese día, con once añitos, lloró como nunca pidiendo que le compráramos un auto de juguete para sus muñecas. Salimos en familia a comprarlo. Nunca lo usó. Había crecido.

APRENDER ES COMPRENDER

Las modificaciones de nuestro modo de actuar no sustentadas en un incremento de nuestra comprensión, se reducen tan sólo a un cambio de hábitos, un aprendizaje de loros o una compulsión a la repetición.

El conocedor ha explorado la vida en todos sus sabores y de todas las maneras posibles: dulce, amargo, ácido y agrio, rápido, lento, pausado, explosivo. Ha probado lo bueno y lo malo. Ha sentido la vibración del despertar con la música, con el baile, con la poesía, con la pintura, con la escultura, con la arquitectura, con el sexo, con la rebeldía, con el amor y con el odio.

Ha hecho muchas cosas, ha estado en velatorios, en hoteles, en hospitales, en fiestas; ha ganado y perdido trabajos, amigos y amores; se ha peleado, se ha rendido, ha celebrado; le han pasado cosas como chocar, engordar, besar, nadar; se ha sentido ultrajado, alegre, avergonzado, pleno, encerrado y libre. Ha sido jardinero, zapatero, carpintero, pordiosero, catedrático y basurero...

Y en todas sus actividades y a través de todas sus emociones ha experimentado, desafiado, cambiado, disfrutado, llorado y aprendido.

En cada una de sus experiencias debió asistir, frecuentemente sin proponérselo, a cambios de su situación personal, intelectual, económica o laboral. Estos cambios, algunas veces nimios y otras veces bruscos, ayudan, empujan y disparan la siguiente etapa donde la genialidad aguarda para mostrarse y expandirse para sí y para todos.

Todos los grandes maestros y los grandes inventores han sido personas que habían recibido formación para algo diferente de aquello por lo que los recordamos.

Gente que tuvo el coraje de entrar en territorios nuevos, territorios donde no eran expertos.

LOS HOMBRES Y LAS MUJERES EDUCADOS PARA APLASTAR SU CORAJE PERMANECEN AFERRADOS A LAS COSAS QUE MEJOR SABEN HACER, Y SIGUEN HACIÉNDOLAS TODA SU VIDA. CUANTO MÁS LAS HACEN, MEJOR LO HACEN, MÁS EFICIENTES SE VUELVEN... Y COMO ES DE ESPERAR, CUANTO MÁS EFICIENTES SE VUELVE UNO, MENOS TENTADO SE SIENTE DE PROBAR ALGO NUEVO.

Imaginemos un ejercicio acerca de la aceptación. Recuérdalo la próxima vez que te sientas triste:

Todos estamos bastante acostumbrados a tratar de escaparnos de la tristeza.

Nos procuramos actividad, nos ocupamos de visitar a los amigos o salimos a ver una película, para distraernos, cada vez que sentimos nacer la pena.

La próxima vez, en lugar de encender la radio o el televisor, en lugar de escapar...

Deja toda actividad, cierra los ojos y entra en tu tristeza.

Mírala sin juzgarla y sin juzgarte, sin condenar ni condenarte.
Obsérvala, obsérvate.
Mírala como miras la lluvia en un día cualquiera.
Y no te enojes, aunque prefieras los días soleados.

No estoy hablando de "fuerza de concentración". Eso es enfocar la atención en un punto.

Es cierto que la mente enfocada se vuelve muy poderosa, pero no es la búsqueda de más poder lo que te propongo (de hecho darle más poder a la mente en este momento es más peligroso que nunca).

Darse cuenta de lo que sucede y aceptarlo es algo totalmente diferente.

Se trata justamente de una particular combinación de mente y espíritu, que podríamos describir como estar alerta y sin focalizar.

Sin hacer ningún esfuerzo, mucho menos el de concentrarse en el exterior ni en el interior. No es forzarse a sentir una emoción específica ni a tener un pensamiento adecuado.

Es estar consciente del presente, sin juzgarlo, sin resistirlo, sin enojos.

EL ENOJO SIEMPRE ES LA EXPRESIÓN DE MI NEGATIVA A ACEPTAR LOS HECHOS.

Si intentas estar enojado y, al mismo tiempo, aceptar sin restricciones la realidad, te enfrentarás con algo que no puedes conseguir.

Nadie ha sido capaz de hacer coincidir el enojo y la aceptación a un tiempo; y no creo que tú seas la excepción.

La falta de aceptación es la raíz de casi todas las enfermedades de la mente, de la mayoría de los padecimientos del espíritu y del corazón y, de alguna manera también, la primera causa de muchas enfermedades del cuerpo.

La única medicina efectiva contra esta trampa que nos tendemos a nosotros mismos es la aceptación serena de lo que es.

La experiencia que te propongo se llama "continuo de la conciencia", y es uno de los pilares de la salud mental para nosotros los gestálticos.

> MIRA, PIENSA, SIENTE Y VIVE, TODO EL TIEMPO...
> Y NACERÁ EN TI, POCO A POCO, ESA CONCIENCIA CONTINUA
> DE TI Y DE TODO LO TUYO. Y CUANDO ESTÉS TOTALMENTE
> Y PERMANENTEMENTE CONSCIENTE, SALDRÁS SIN
> ESFUERZOS DEL PASADO Y DEL FUTURO Y TE ANCLARÁS
> AL PRESENTE. Y ENTENDERÁS QUE LA ACEPTACIÓN ES
> FINALMENTE EL ESPACIO DE LIBERTAD QUE SÓLO HABITAN
> AQUELLOS QUE HAN CANCELADO LAS URGENCIAS.

Y es que cuando has dejado de ser un buscador, ya no necesitas la atención de los demás, te conviertes en el testigo privilegiado de tu propio ser. Una nueva conciencia aparece dentro de ti, la de un centro silencioso que observa todo lo que sucede, tus pensamientos, tus deseos, tus sueños, motivaciones, avaricias y envidias.

Si aparece en ti la ira y la observas, impávido, sin juzgarla adecuada ni inadecuada, sin censurarte, sin querer ocultarla ni anularla; el milagro una y otra vez ocurre: la ira, poco a poco desaparece. Créase o no, como diría Ripley.

Algunos necios disfrazados de santos hacen grandes esfuerzos para reprimir su ira.

Y deberán hacer lo mismo con la sexualidad.

Y con su avaricia.

Y con sus pasiones más turbulentas.

Y con cada emoción perturbadora que los descoloque o los deje mal parados frente a los demás.

Pero claro, cuanto más reprimes algo, más se profundiza.

Desaparece de tu conciencia, pero crece en las sombras de tu ser. Hasta que, como sucede con una herida escondida y no curada, empieza a supurar y aunque esté oculta su hedor la pone en evidencia.

UN CONOCEDOR VIVE LA VIDA DE ACUERDO CON SU PROPIA
NATURALEZA Y NO DE ACUERDO CON LOS VALORES
DE LOS DEMÁS. NO SÓLO TIENE SU PROPIA VISIÓN
DEL UNIVERSO, SINO QUE TAMBIÉN POSEE
EL CORAJE DE VIVIR DE ACUERDO CON ELLA,
EL VALOR DE ASUMIR SU LIBERTAD.

Qué difícil palabra: Libertad.

Especialmente si nos animamos a querer relacionarla con la sabiduría.

Se podría decir que existe una primera libertad, característica de los buscadores, casi siempre reactiva a la esclavitud de su pasado. Es la liberad de hacer esto o aquello, que antes no podía y la de dejar de hacer tal o cual cosa que antes se sentía obligado. Es la libertad que se conquista en los primeros tramos de las terapias clásicas cuando uno aprende a deshacerse de sus traumas y reírse de las prohibiciones y los permisos con los que fue educado.

La segunda clase de libertad es más la de los conocedores. Es la libertad *para* y no sólo la libertad *de*. Tiene una finalidad muchas veces claramente preestablecida, es resultado de una idea orientada hacia el futuro, y por eso es más poética, más visionaria, más creativa.

Por último, está la libertad de los sabios. La libertad a secas. Sin relaciones con el pasado ni con el futuro. Una libertad esencial, atada al presente y que por eso no está orientada a reparar ni a conseguir. Es aquí y ahora. ¡Es! Y en su presencia, todos los sentidos, absolutamente desacondicionados, se vuelven tan puros, tan agudos, tan despiertos y tan vivos, que la vida parece cobrar una nueva intensidad.

De nada sirve saber que está sonando una música maravillosa si nos tapamos los oídos para no escuchar. De nada nos sirve enterarnos de la enorme belleza que nos rodea, si vivimos con los ojos cerrados.

Dice Osho que la existencia entera está celebrando este momento...
Y ni siquiera nos enteramos de la fiesta, creyendo que no estamos in-vitados.

Si descubres cómo todo celebra la vida a tu alrededor, todo el tiempo, si te das el permiso de entusiasmarte con el mismo mundo de siempre como si fuera diferente, entonces el mundo será el mismo pero será diferente: los árboles te parecerán más verdes, el azul del cielo, más profundo y la gente, más viva y más hermosa.

PEQUEÑO ELOGIO DE LA INCOHERENCIA

Durante mucho tiempo defendí mi derecho de ser contradictorio.

Decía yo que era lógico y esperable cambiar de parecer y que lo importante no era la contradicción en sí sino la coherencia.

Leyendo y escuchando a los maestros aprendí que "coheren-cia" viene de "herencia" y significa, por ende, intentar ser fiel a lo heredado, al pasado, a lo que otros han dejado y puesto en mí.

HOY YA NO PRETENDO SER COHERENTE
Y QUISIERA DEJAR DE DESEAR
QUE TÚ LO SEAS.

Quiero ser cada vez más y más congruente y, si puedo, ayudar a otros a que también lo consigan.

Ser coherentes nos relaciona con el pasado. Porque ser cohe-rente significa vivir en concordancia con alguien del pasado, de acuerdo con un alguien que sí existió y dejó su huella, posible-mente ya no soy yo mismo.

Intentar ser coherente es querer vivir siempre una historia repetida. Significa no permitir a la vida que tenga nada nuevo para ofrecerte y, sobre todo, no ofrecer jamás algo nuevo.

El conocedor es alguien que sabe quién es, pero admite sin avergonzarse que no puede prever sus futuras acciones ni posee criterios para valorar adecuadamente qué le sucederá, ni cómo reaccionará frente a los hechos.

Martha Morris rescata estas recomendaciones tradicionales:

Si permaneces quieto dejas de ser río,
te has vuelto un estanque,
y la vida ya no fluye a través de ti.

Las flores siempre se abrirán en primavera,
pero a menos que abras tu ventana nunca advertirás su fragancia.

Los pájaros volverán del invierno una y otra vez,
pero si no levantas la mirada al cielo, ni siquiera podrás enterarte.

El sol sin duda saldrá mañana,
pero si dejas cerradas tus puertas
sus rayos jamás, jamás... iluminarán tu cuarto.

Camino de la sabiduría aprenderemos que quedarnos atrapados en algunos de nuestros propios pensamientos sólo puede hacernos sufrir. Y si bien podemos admitir que la vida es una lucha entre nuestro deseo y la realidad que se nos impone, también lo es entre nuestra coherente identidad y el auténtico ser espontáneo.

Hagamos la siguiente operación matemática:

Lo que creo que soy

+

Mis rígidas costumbres y tradiciones

+

Mis hábitos dañinos

+

Los mandatos aceptados

+

Los condicionamientos incorporados

+

La totalidad de los introyectos

+

El hueco de lo negado

Si sumamos sin revisar, obtendremos como resultado
nuestra identidad.

Nuestro recuerdo del paso por la ignorancia sostiene desde adentro la presión para que seamos coherentes, previsibles, correctos, idénticos a nosotros mismos y a los que han diseñado en nuestra educación esta identidad.

Como reconocimiento, la sociedad llama a la coherencia "tener carácter".

Un maestro que se acerca a la sabiduría no tiene carácter, no por debilidad de espíritu, sino porque no hay nada que demostrar. Su conducta está más allá del carácter, porque ha aprendido que no puede permitirse la comodidad de una respuesta siempre igual; porque el carácter se gana sólo a costa de renunciar al cambio.

Un conocedor descubre que lo que importa es ser congruente, ser libre de ser quien es en cada momento, libre de encontrar la conducta que satisfaga su momento presente, libre de volverse impredecible para los demás sin sentirse culpable de la decepción de los otros.

AQUÍ Y AHORA

Con la misma convicción y certeza con la que os dije hace
unos meses que las cosas eran así como eran y que nunca
podrían ser de otra manera, os digo hoy, sin ninguna duda,
que las cosas son totalmente diferentes y que nunca fueron,
ni podrían llegar a ser, como os dije entonces.

Fragmento de un discurso de WINSTON CHURCHILL
a los ingleses en plena Segunda Guerra Mundial

El hombre sabio vive la vida en todos sus aspectos; es cambiante, diferente, vivo, creativo... y contradictorio.

Él no puede ser coherente, porque, de hecho, no le interesa serlo.

Pero seguramente es congruente, aunque por supuesto no es mérito, dado que no puede evitarlo.

Ser congruente es estar vivo y cambiante hoy, aquí y ahora. Y eso es muy bueno, para el maestro y para los demás.

¿Qué hubiera sido de nosotros, los que amamos a Picasso, si después de su etapa azul, el maestro se hubiera empeñado en ser coherente y se hubiera resistido a ampliar su paleta?

¿ES NECESARIO UN MAESTRO?

Al principio de la búsqueda, el encuentro con un maestro es más inevitable que imprescindible. A menos que estés en contacto con alguien que haya salido de la ignorancia, es imposible que empieces el camino cuanto más que llegues a destino.

Los obstáculos son millones y muchas son las puertas falsas, infinitas las tentaciones, muy alta la probabilidad de perderse.

Sin la compañía de alguien que conozca el camino, que haya viajado por él, que lo haya recorrido hasta el final, sin ponerte en manos de un maestro en quien confíes, al que te puedas entregar, honesta y totalmente, acabarás extraviándote.

Para que la sabiduría surja alguna vez, es condición conservar una permanente disposición a ser discípulo, a lo largo de todo el camino, aunque no siempre del mismo maestro. No alcanza con la decisión de aprender de otros del buscador, ni es suficiente con el coraje de admitir todo lo que no sabe. Es necesario sobre todo que, como el maestro y actuando en contra de nuestra estructura narcisista, estemos dispuestos a aceptar que siempre hay alguien que puede saber más que nosotros y dispuestos a aprender humildemente de ellos.

Hay que desconfiar de lo que aprendieron aquellos que alardean diciendo que sus maestros "han sido los mejores". Es mejor acompañarse de aquellos que son capaces de defender su trabajo y su búsqueda permanente, detrás de conseguir, una y otra vez, que los mejores sean sus maestros.

Déjame que te cuente esta historia que para mí emblematiza algunas relaciones que los necios y los soberbios tienen con los maestros.

LA FLOR Y EL SAPO

Había una vez una rosa enorme y seductora que crecía exactamente en el centro de un hermoso jardín. La flor era de un color rojo brillante y llamativo y no sólo era hermosa sino que además lo sabía. Le encantaba cantar aquella canción que se había inventado donde se describía a ella misma como la flor más bella del jardín.

Un día la rosa empezó a desear que más gente admirara su belleza, que más personas se acercaran a oler su suave perfume, que más enamorados alabaran su excelencia. Sin embargo, empezó a notar con fastidio que la gente la miraba y hacía gestos de complacencia, pero siempre desde lejos.

La rosa miró a su alrededor y descubrió que en la fuente junto a ella había un enorme y deforme sapo. Decidió que ésa era la razón de que nadie se acercara a verla y a halagarla. La fealdad del sapo espantaba a los visitantes...

Indignada ante la realidad que acababa de comprender, se irguió sobre sí misma y con un gran desprecio le ordenó al sapo alzando la voz que se fuera de inmediato del jardín, y que no volviera a acercarse a ella nunca más.

El sapo, quizá el mayor admirador de la flor, obediente aceptó.

—Esta bien —dijo—, si así lo quieres...

Y tomando sus pocas cosas se fue saltando desde el jardín hasta el río...

Pasaron algunas semanas y un día el rechazado sapo pasó de camino al bosque por donde estaba la rosa. Casi sin pensarlo se asomó al jardín y se sorprendió al ver la rosa totalmente marchita, casi sin hojas y con sus pétalos arrugados y descoloridos.

Le dijo entonces sin remordimiento:

—Te ves muy mal... ¿qué te pasó?

La rosa intentó sonreír, como agradeciendo su compasión.

—Desde que te fuiste los gusanos se han comido mis hojas día tras día y las hormigas destruyeron mis raíces para anidar en ellas. Me he debilitado y nunca pude volver a ser la hermosa flor que tú conociste.

—Qué pena —dijo el sapo—, lo siento.

—Sí —dijo la rosa—, he tenido muy mala suerte.

—No fue la suerte —le aclaró el sapo—, cuando yo estaba por aquí, me comía todos los gusanos y las larvas de las hormigas...

Está claro que una sociedad de necios o soberbios tratará de deshacerse de los que van en dirección a la sabiduría, pero, atención, en cualquier etapa es también necesario ser capaz de crear un vínculo con el maestro en el que no exista dependencia.

Aprender de un hombre de conocimiento es fácil. Puede dar a su alumno todo lo que sabe, puede transmitirlo en forma simple, para él el lenguaje es un vehículo suficiente.

Un hombre de conocimiento es un profesor, y si camina hacia la sabiduría es también un maestro. Pero cuando llegue a ser un hombre sabio difícilmente pueda seguir siendo un buen profesor. Si alguna vez eligió la docencia, sigue siendo un gran maestro, aunque difícilmente pueda hacerse cargo de nuestro aprendizaje porque, como veremos, si bien el sabio nos muestra la verdad todo el tiempo descarta la idea de enseñarla.

Esto se debe a que muchos maestros, a diferencia de algunos profesores y catedráticos, a diferencia de muchos intelectuales y pensadores contemporáneos, toleran muy mal estar sometidos a las reglas del sistema educativo. Lo único que verdaderamente los entusiasma, es confrontar con su error a los que van por caminos equivocados, enojar a los soberbios, enardecer a los fanáticos y, en el mejor de los casos, despertar a los que duermen... Nada de eso, como se comprende, es motivo de dicha para los que lo escuchan, excepto para los que hayan llegado a amarlo.

A UN BUSCADOR QUE HAYA DESARROLLADO EL DESEO DE COMPARTIR LO QUE SABE PODRÍA PASARLE QUE LO SIGAN MULTITUDES, PERO, CASI SIEMPRE, EL VERDADERO MAESTRO TENDRÁ DETRÁS DE SU PALABRA SÓLO A LA ESCASA CANTIDAD DE GENTE QUE SEA CAPAZ DE ENTENDERLO.

Siguiendo esa tendencia, es muy posible que a medida que el tiempo pasa y el maestro se vuelva cada vez más sabio, llegue un momento en que no lo escuche nadie.

Los primeros en irse serán siempre los más necios, y esto se debe a que un maestro siempre hace que la estupidez quede en evidencia, y ni a los soberbios ni a los necios les gusta verse en ese espejo que el conocedor les muestra.

John Lennon anticipó dos años antes de su muerte: "Me van a crucificar".

Y de alguna manera, tenía razón...

LOS MAESTROS, LOS GENIOS, LOS ILUMINADOS Y LOS
CONOCEDORES COMPARTEN UNA MISMA MISIÓN. SU TAREA
EMPIEZA POR AYUDAR A OTROS A NO PERDER EL RUMBO,
SIGUE POR REENCAUZAR LOS QUE SE ALEJAN DEL SABER
CORRECTO Y SE ACTUALIZA EN LA RESPONSABILIDAD DE
ALERTAR A LA SOCIEDAD PARA QUE NO CONFUNDA MORAL
CON EDUCACIÓN, RESENTIMIENTO CON JUSTICIA NI
CLARIDAD CON INTRANSIGENCIA.

Una misión que quizá finalice el día que entre todos consigan que el mundo sepa que no es lo mismo repetir que aprender, porque, como lo anticipa Krishnamurti, repetir una verdad que no ha sido hecha propia es repetir una mentira.

¿PUEDE CUALQUIERA VOLVERSE UN SABIO?

Vuelvo a decir lo que empecé por insinuar desde el prólogo de este libro: No hace falta sentirse un maestro ni considerarse un sabio para buscar la verdad, y mucho menos para empezar a pensar. El creador, el buscador o el conocedor no son necesariamente eruditos, ni necesitan llegar a serlo. Todos podemos empezar a crear el camino desde nuestra propia experiencia. Porque la sabiduría, como está dicho, siempre empieza en la ignorancia.

Platón nos enseña:

SÓCRATES: —¿Es que no has oído que soy hijo de una excelente y vigorosa partera llamada Fenáreta?

TEÉTETO: —Sí, eso ya lo he oído.

SÓCRATES: —¿Y no has oído también que practico el mismo arte?

TEÉTETO: —No, en absoluto.

SÓCRATES: —Mi arte tiene las mismas características que el de ella, pero se diferencia en el hecho de que asiste a los hombres y no a las mujeres, y examina las almas de los que dan a luz, pero no sus cuerpos.

Ahora bien, lo más grande que hay en el arte de ayudar a parir es la capacidad que se tiene de poner a prueba por todos los medios si lo que se engendra es algo imaginario y falso o fecundo y verdadero. [...] Los que tienen trato conmigo, aunque parecen algunos muy ignorantes al principio, en cuanto avanza nuestra relación, todos hacen admirables progresos. Y es evidente que no aprenden nunca nada de mí, pues son ellos mismos y por sí mismos, los que descubren y engendran muchos bellos pensamientos. No obstante, los responsables del parto somos los tres: él, Dios y yo.

La imagen de la partera es realmente interesante y atractiva. Sócrates libera el pensamiento de la ignorancia del interlocutor poniéndolo de cara a ella. Es un maestro sabio que se limita a señalar el problema sin dar soluciones. Él sólo muestra el obstáculo y señala el sendero... El resultado de ese parto, como mínimo, es un buscador un poco más cerca de la sabiduría.

Y el mecanismo es el conocido "método socrático".

La interrogación que el maestro dirige a sus interlocutores, confesando su ignorancia, de manera de obligarlos a responder a sus propias preguntas, llegando por el absurdo, la lógica o la contradicción a la verdad buscada.

Un reflejo de este método socrático lo encontramos muy frecuentemente en el trabajo psicoterapéutico; donde el paciente a través de sus propias palabras llega a un conocimiento de sí mismo que no sabía que poseía, aunque ya estaba en él.[24]

Este proceso, junto con ayudar al paciente a exponer las heridas para que sanen, es en realidad el único sentido hacia el que se orienta el trabajo psicoterapéutico asistencial.

Una parte de nosotros sabe, simplemente porque ha vivido, y tiene casi misteriosamente todas las respuestas a nuestras angustias, conflictos y dificultades.

Y, de hecho, muchos terapeutas usamos con frecuencia la imagen metafórica de buscar al anciano sabio que habita en el interior de cada uno, para ayudar a nuestro paciente a encontrar "nuevas" respuestas.

Una mentira para sanar otra mentira.

Una neurosis (la de transferencia) diseñada para curar otra neurosis.

El más grande de mis maestros decía siempre:

Yo soy un extractor de espinas y todo mi trabajo se refleja en esta descripción:

Tienes una espina en tu pie, yo traigo una aguja (que indudablemente parece otra espina) e intento con ella sacar la espina que hiere tu pie.

Eso es todo.

LA PRIMERA ESPINA, LA QUE HIERE Y LA SEGUNDA, LA QUE SE USA PARA ARRANCAR LA OTRA, SON PARECIDAS, AMBAS SON ESPINAS. CUANDO LA PRIMERA ESTÉ FUERA, AYUDADA POR LA SEGUNDA, HAY QUE TIRAR LAS DOS.

Y agregaba siempre:

Cuando algo que digo o hago saca una de tus dudas, no debes poner mis respuestas en el lugar que han dejado vacío tus preguntas.

Cuando te olvides de lo que ha sido respondido, olvídate también de la respuesta. De lo contrario, te creará problemas.

No te enamores de las palabras, ni dependas de las ideas; son sólo herramientas, espinas que pueden usarse para extraer otras espinas, antes de deshacerse de ambas.

SHIMRITI

El viaje de Shimriti

Quinta parte

Pasaron muchos, muchos años.

Shimriti comprendió la esencia de cada uno de los tramos recorridos:

Cada uno de los caminos había estado allí desde siempre.

Cada uno podía estar en la vida de cualquiera.

Todos hemos nacido en La Ignorancia.

Había sido necesario el amor del maestro para llegar al camino hacia Data y convertirse en una buscadora.

Había sido necesario mucho trabajo para volver a subirse al tren y mucho cuidado para no equivocarse cayendo en la tentación de correr camino a Nec o, sin saberlo, caer en la senda hacia Superlatus.

Había sido necesario mucho tiempo y mucha renuncia para emprender el camino hacia Gnosis y volverse una conocedora primero y una maestra después.

Finalmente, había un quinto camino, el camino a aquel lugar sin nombre: el camino a la Sabiduría.

Shimriti se alegró de todo lo vivido, porque sin eso jamás habría llegado tan lejos.

Ella recorrió el camino intentando alcanzar la verdad. Nunca fue su deseo habitar entre los sabios; pero precisamente aquella persecución fue la que la había conducido hasta aquí, más allá y más acá de su motivo original.

Cuando pisó el destino final, como ella lo llamaba, se encontró con una agradable sorpresa.

Shimriti se alegró al reencontrarse con una sensación que creía perdida en su vida.

Otra vez, no sabía si sabía.

Otra vez, como cuando vivía en La Ignorancia, cuando alguien le preguntaba:

—¿Tú sabes?

Ella, sin humildad, contestaba sinceramente:

—No sé... No sé si sé.

La sabiduría

El sabio no sabe todo lo que sabe.

GÉNESIS INDIVIDUAL Y SOCIAL DE LA SABIDURÍA

Finalmente, detrás de la admiración de algunos, sólo apare-
ce un oculto reconocimiento de que uno piensa como ellos.

AMBROSE BIERCE

Como hemos visto, son muchos los hombres y las mujeres que se quedan atascados en la etapa del ignorante, trabados en su esfuerzo por pertenecer a la masa de la mayoría mecanizada que vive en piloto automático.

Algunos menos transitamos la etapa del buscador y también, es bueno reconocerlo, muchas veces nos atascamos en ella. En este grupo "selecto" pondría a casi todos los intelectuales, a algunos pensadores y a muchos filósofos; también a unos cuantos artistas y profesionales comprometidos y a la mayoría de los que se llaman a sí mismos revolucionarios. Quizá sea cierto que estamos algo más despiertos que los ignorantes, pero la tarea no está terminada. No hemos llegado a ser conocedores de nada y nos falta mucho para acercarnos siquiera a la etapa de la sabiduría.

Mucho trabajo y mucho tiempo.

> DEL IGNORANTE AL BUSCADOR HAY UN CAMBIO DE
> ACTITUD, UNA DECISIÓN. DEL BUSCADOR AL CONOCEDOR
> HAY UNA EVOLUCIÓN, UN TRABAJO. AMBOS SON ESPACIOS
> CONQUISTADOS POR CADA INDIVIDUO PARA SÍ MISMO.
> EL TERCER CAMBIO, DEL CONOCEDOR AL SABIO,
> SOLAMENTE ES POSIBLE SI SE LLEVA A CABO
> UNA TRANSFORMACIÓN PROFUNDA:
> DEBE HABER UNA REVOLUCIÓN.

Se dice con un entusiasmo sólo comparable al prejuicio implícito, que ya no quedan verdaderos maestros, que el tiempo de los iluminados ha terminado y que ya no hay sabios en nuestro mundo occidental.

Se dice y se repite, con la misma frecuencia y a veces con el mismo timbre de voz, con el que algunas mujeres sostienen que ya no hay hombres y con el que algunos moralistas declaman que ya no hay principios.

Sólo nos quedan, parece, los científicos brillantes, los tecnócratas eficientes, los falsos profetas y los estafadores de la palabra.

No estoy de acuerdo. Creo que hay muchos hombres y mujeres sabios entre nosotros. Lo que sucede es que estamos dormidos (y queremos, parece, remolonear un rato más en la cama). Dicho de otra forma, hay muchas voces por ahí, diciendo cosas sabias, lo que quizá falten sean oídos dispuestos a escuchar.

Si como sugiere el Talmud: "Tenemos dos orejas y una sola boca para acordarnos de escuchar más de lo que hablamos..." no parece que nos hallemos en el buen camino.

Es difícil de generalizar, pero por alguna razón a muchos nos sucede que hasta que la situación no se nos hace medianamente insoportable no nos animamos a pedir ayuda, aun cuando, mucho antes, todo hacía prever que la necesitaríamos.

Las mujeres siempre han tenido una pregunta para hacer a cuanta persona han podido. Es evidente que se trata de un asunto serio y al que los estudiosos del tema no han podido todavía encontrar respuesta.

Me dicen que se enfrentan a la misma interrogante, cada vez que se suben al automóvil con sus respectivos maridos:

—Estamos en una ciudad que no es la nuestra o en un barrio lejano al que vivimos. Si yo sé y él también que ninguno de los dos tiene la más pálida idea de en qué dirección habría que ir para no alejarnos de nuestro destino... ¿por qué mi marido nunca me permite preguntar a alguien por el camino que deberíamos tomar?

Yo no tengo la respuesta, quizá porque reconozco que hago lo mismo.

Creo que todos, durante algún largo tiempo, por lo menos hasta darnos cuenta de la estúpida vanidad que representa nuestra actitud, preferimos ensayar alguna acción elegida al azar antes que enfrentarnos con la necesidad de mendigar la palabra esclarecedora del que sabe por dónde hay que doblar.

Y aun después, preferimos refugiarnos en la idea de que no hemos tenido suerte, o en la disculpa de que hicimos lo mejor que pudimos antes que aceptar que ciertamente no pudimos admitir nuestra ignorancia.

Preferimos terminar acudiendo a llorar sobre el hombro de quien nos consuela de la fatalidad antes de aceptar que no somos omnipotentes.

Preferimos a alguien que repare el error cometido que anticiparnos a él.

Preferimos escuchar el repetido discurso de las soluciones en las que ya habíamos pensado y que, por lo tanto, nos dejan con la alternativa de congratularnos con nuestra genialidad antes que recurrir a los que nos obligan verdaderamente a pensar y que, por ello, "nos traen más problemas" en lugar de aportarnos la solución.

MAESTROS Y DISCÍPULOS

LA LUNA BRILLA TANTO DE DÍA COMO DE NOCHE, PERO
SÓLO EN LA OSCURIDAD QUE NOS DEJA EL SOL CUANDO
SE OCULTA, LA LUNA ES CAPAZ DE ALUMBRARNOS PARA
NO PERDER EL RUMBO. SÓLO EN LO OSCURO SE VE LA
MAGNITUD DE LO QUE RESPLANDECE.

Como terapeuta gestáltico he aprendido la importancia de la aceptación de los diferentes aspectos, las más de las veces opuestos, que
constituyen nuestra manera total y completa de ser en el mundo.

Como persona he aprendido a aceptar que también existen
polaridades en el afuera de los individuos. Podríamos llamarlos
ciclos, caras de la moneda, alternancias o concepción dual del
universo; pero de todas maneras se repiten con meticulosidad
rigurosa.

Nos gustaría pensar que podemos conquistar un mundo donde la salud haya eliminado a la enfermedad o la vejez, un planeta
en el que la certeza reemplace para siempre las dudas, y sea para
todos una realidad sentir todo el tiempo, el placer más absoluto.

Esta pretensión sería obviamente la materialización de una
nueva realidad. La excluyente presencia de una sola polaridad, el
éxito sin el fracaso.

Los sufíes nos alertan:

NO IMPORTA CUÁN FINA SEA LA FETA DE QUESO...
SIEMPRE TIENE DOS CARAS.

Y la otra cara del aprendizaje es la enseñanza.

Está claro que el mejor complemento de un maestro no es otro
maestro sino un discípulo. Juntando todo esto con la vieja verdad,
tantas veces repetida, de que cuando el alumno está preparado el
maestro aparece, podríamos pensar que cuantas más personas

hayan perdido el rumbo y cuanto más tiempo lleven perdidas queriendo regresar más posibilidades habrá de que un maestro se haga presente.

Aunque en la realidad, lamentablemente la ignorancia de los pueblos siempre empieza, en un primer momento, por promover la aparición de los nuevos mesías, los seudorreligiosos fundamentalistas, los turbios líderes carismáticos y los corruptos políticos demagógicos. Supuestos iluminados que, utilizando las herramientas de las pasiones exacerbadas de los inmaduros y el miedo de los angustiados, transforman la vida de los ignorantes en un campo de batalla, convenciéndolos de que hay un enemigo de la causa en todos los otros, en los que no entienden, en los que no están de acuerdo y, por supuesto, en cada uno de los que se oponen a lo que conviene a sus propios intereses o ideologías.

Si un tonto, un corrupto o un inmoral se postulan para presidente, y ganan las elecciones, no siempre habrá que pensar que esto sucede porque la gente ignora lo que son. Muchas veces la gente ya sabe lo que son y lo que harán, pero igual los elige. Es como si gustaran de los que hacen y viven lo que le gustaría hacer y cómo le gustaría vivir a la mayoría, aunque sean moralmente despreciables.

Escuché decir a mi amigo, el doctor Marcos Aguinis: "Los pueblos quizá no tienen los gobernantes que se merecen, pero sí aquellos que se les parecen".

Estas personas, los incompetentes, los ignorantes, los corruptos, no les son extrañas.

Un sabio seguramente sería extraño para un pueblo ignorante, y por eso jamás lo votarían como dirigente.

MANIPULACIÓN DE MASAS

La veneración hacia los ancianos ha sido reemplazada por el culto a la juventud en el mismo momento en que el respeto por el pasado fue desplazado por el miedo al futuro. Y esto no puede ser casual.

Las consecuencias nefastas son infinitas. La primera en notarse y la más obvia es la decisión de casi todos los habitantes de la sociedad urbana de Occidente de hacer lo que sea necesario para parecer, mantenerse y actuar como más jóvenes. La segunda, en línea con la anterior es exagerar el valor de lo poco que saben para no tener que gastar tiempo o dinero en aprender algo más. Las que siguen, vinculadas de una u otra manera a estas dos, se refieren a los intentos de hacer más dinero, acumular poder, manejar influencias o conseguir privilegios (descuidando las más de las veces los aspectos morales del asunto).

Todo esto sería muy triste, si no se hubiera vuelto igual de preocupante, dado que el verdadero desarrollo de las personas poco tiene que ver con la cantidad de cosas que uno acumule (dinero, datos, poder, títulos); está más relacionado con la sabiduría de lo vivido, con el desapego y con el poder sobre uno mismo.

Un hombre extremadamente rico estaba a punto de morir. El médico le había dado la mala noticia: sólo le quedaban algunas horas de vida. Con las fuerzas que le quedaban empezó a poner todo el dinero que tenía en un gran arcón, empaquetar los cuadros de pintores renacentistas, guardar las joyas que sacaba de la caja fuerte...

Su ángel de la guarda se le apareció cuando faltaba poco para la hora.

—¿Dónde vas con eso? —le preguntó, inocentemente.

—Es mi dinero... lo llevo en mi último viaje... —empezó a contestar el hombre.

—¿Pero para qué lo quieres? En el cielo nada se compra ni se vende. Es inútil tu dinero en el lugar adonde nos dirigimos.

—Pero ¿y si quiero algo más? ¿Si necesito efectivo?

—Ja, ja, ja —rio el ángel—; buen trabajo me costó que se te permitiera pasar la eternidad en el Paraíso... Te aseguro que no tendrás necesidad de pagar nada. Puedes dejar aquí tu fortuna, otros podrán usarla.

El hombre sintió en el pecho la opresión de la angustia...

Otros se quedarían con todo lo que había juntado con sus privaciones de tantos años...

—¿Ni siquiera un maletín con los dólares?

—Ni siquiera —dijo el ángel.

Perturbado, el hombre dejó las cosas que había sacado en la caja fuerte y terminó de cerrar la enorme maleta que había preparado para su último viaje.

—¿Ahora qué tanto llevas ahí? —preguntó el ángel.

—Sólo algunos recuerdos de los cuales me costaría separarme...

Finalmente su hora llegó.

El alma del hombre subió al cielo y san Pedro en persona lo recibió para darle ingreso.

Él mismo lo acompañó a su habitación: una amplia suite con vista a la calle.

—No está mal —dijo el hombre rico—, no está nada mal.

San Pedro intentó ayudar con la maleta del recién llegado, pero al levantarla ésta se desfondó y su contenido casi se desparramó por el hall de entrada, en la puerta misma de su cuarto.

¡Decenas y decenas de lingotes de oro macizo!

El hombre se sintió avergonzado. Bajó la cabeza y esgrimió una disculpa.

—Dejé casi todo lo que tenía —dijo—, pero no me quise separar de ellos, me dan cierta tranquilidad... por eso los traje...

—Está bien... —dijo san Pedro—, muchos elijen viajar con algo valioso para ellos, pero tú me sorprendes... Viajar todo el camino cargando semejante valija... Además no entiendo que tranquilidad te puede dar una maleta llena de empedrado...

—No es empedrado, son lingotes de oro... ¡Veinticuatro kilates...!

San Pedro sonrió comprensivo.

—Mira por la ventana —le dijo.

El hombre se asomó a la ventana y miró hacia fuera.

Toda la calle estaba empedrada con brillantes lingotes de oro...

LOS SABIOS MOLESTOS

Todo crecimiento es doloroso, todo saber comienza en la confusión, todo despertar es arriesgado.

> *Tzu soñó, una noche,*
> *que era una mariposa.*
> *Al despertar*
> *ignoraba si era Tzu*
> *y había soñado*
> *que era una mariposa,*
> *o si era una mariposa*
> *y estaba soñando que era Tzu.*

Los sabios, los de hace siglos, los que siguieron y los de hoy, siempre son los primeros en despertar, y con los ojos abiertos, siempre comparten lo que ven.

Pero como es obvio, vivir con gente ciega y tener los dos ojos es una situación peligrosa.

Es como si la mayoría de nosotros no entendiera la ironía implícita en el viejo proverbio: "No despiertes al esclavo, porque quizá esté soñando que es libre".

Pero el sabio siempre dirá:

Despierten al esclavo.
Especialmente si sueña con la libertad.
Despiértenlo y háganle ver que es un esclavo.
Sólo mediante esa conciencia quizá podrá liberarse.

Una parte del planeta está completamente dormida y mucha gente está disfrutando de sus sueños tratando de que sean más interesantes y tengan más colorido que la realidad.

Imagina conmigo que te encuentras una madrugada, demasiado temprano, en lo mejor de tu más hermoso sueño. En él no sólo todo es maravilloso sino que además es domingo y puedes seguir durmiendo hasta la hora que desees...

Entonces, en ese preciso momento, un hombre que ni conoces empieza a gritar desde los tejados: "¡Despierten! ¡Despierten! Es lunes. Hay mucho por hacer".

Muchos deciden que no quieren despertar, intuyen que cuando el sueño termine deberán enfrentarse a la verdad.

Muchos simplemente se fastidian o desconfían. ¿Quién podría no enojarse? ¿Cómo evitar caer en la tentación de no creerle?

La mayoría no quiere admitir que en esa verdad puede haber alegría y terminan odiándolo, convirtiéndolo en un desclasado, un paria, el emblema de una situación intolerable.

Debemos admitir que si alguien se empeña en querer despertarte cada vez que sueñas con algo agradable, te resultará por lo menos molesto.

¿Qué harás tú?

Osho nos llamaba la atención sobre cómo Sócrates se hizo intolerable para Atenas, al igual que Jesús se volvió intolerable para Roma y lo mismo que Gandhi se hizo intolerable para el Reino Unido.[25]

Quizá por decir esas cosas el mismo Osho se volvió intolerable para muchos en el mundo cientificista de los países más avanzados de Occidente, que en un momento le negaban la visa para entrar en su territorio.

"La tienda de la verdad" es un cuento que escuché en boca de Anthony de Mello: un sacerdote que no casualmente por estas mismas razones terminó acusado, apartado y criticado por la mayoría de los miembros de la iglesia a la cual defendió y consagró su prédica.

El hombre paseaba por aquellas pequeñas callejuelas de la ciudad de provincias. Como tenía tiempo, se detenía unos instantes ante cada escaparate, delante de cada tienda, en cada plaza. Al girar una esquina se encontró de pronto frente a un modesto local cuya marquesina estaba en blanco. Intrigado, se acercó y arrimó la cara al cristal para poder mirar dentro del oscuro escaparate... Pero en el interior sólo vio un atril que sostenía un cartel escrito a mano. El anuncio era curioso:

TIENDA DE LA VERDAD

El hombre, sorprendido, pensó que era un nombre de fantasía, pero no pudo imaginar qué vendían. Entonces entró y, acercándose a la señorita que estaba en el primer mostrador, preguntó:

—Perdón, ¿es ésta la tienda de la verdad?

—Sí, señor. ¿Qué tipo de verdad está buscando? ¿Verdad parcial, verdad relativa, verdad estadística, verdad completa...?

Pues sí, allí vendían verdad.

Él nunca se había imaginado que esto fuera posible: llegar a un lugar y llevarse la verdad. Era maravilloso.

—Verdad completa —contestó sin dudarlo.

"Estoy tan cansado de mentiras y de falsificaciones", pensó. "No quiero más generalizaciones ni justificaciones, engaños ni fraudes."

—¡Quiero la verdad plena! —ratificó.

—Perdón... ¿el señor ya sabe el precio?

—No, ¿cuál es? —contestó rutinariamente, aunque en realidad él sabía que estaba dispuesto a pagar lo que fuera por toda la verdad.

—Mire, si usted se la lleva —dijo la vendedora— posiblemente durante un largo periodo de tiempo no pueda dormir del todo tranquilo.

Un frío recorrió la espalda del hombre, que pensó durante unos minutos.

Nunca se había imaginado que el precio fuera tan alto.

—Gracias y disculpe... —balbuceó finalmente, antes de salir de la tienda mirando al suelo.

Se sintió un poco triste al darse cuenta de que todavía no estaba preparado para la verdad absoluta, de que todavía necesitaba algunas mentiras donde encontrar descanso, algunos mitos e idealizaciones en los cuales refugiarse; algunas justificaciones para no tener que enfrentarse consigo mismo.

"Quizá más adelante...", pensó, intentando mitigar la vergüenza que le daba su propia cobardía.

Así nos comportamos a veces, huyendo de lo que sabemos que es la verdad.

Huimos para tranquilizarnos, para no actuar, sólo para no enfrentarnos a lo que nos duele o mitigar nuestra incapacidad de aceptar las contradicciones.

Es ciertamente más fácil destrozar el espejo y olvidarse de la fealdad, que aceptar que uno se parece a la imagen indeseada que el espejo refleja.

En nuestra disculpa, cabe aclarar que nuestra educación ha conseguido condicionarnos suficientemente como para que nos sea muy difícil aceptar los planteamientos que se alejen demasiado de las verdades universalmente reconocidas como ciertas.

Un maestro es un conocedor que, porque así lo desea, porque su corazón se lo manda o porque su espíritu lo impulsa, está decidido a compartir lo que sabe mostrándolo[26] a los que saben un poco menos, a los que ignoran lo que no saben y, también, a los que creen que saben lo que en realidad desconocen.

Aunque un sabio, antes fue maestro, pero ya no le interesa. Por eso difícilmente dará clases, difícilmente tendrá auténticos discípulos. Es posible que tenga seguidores, pero nunca alumnos.

Y es bueno que así sea, porque desde que me encuentro frente a un sabio me doy cuenta de que su único interés es obligarme a hacerme cargo de mi vida. En última instancia, me confirma que sólo soy responsable de mí mismo y me asegura que mi mayor desafío es vivir de acuerdo con mis propias elecciones y no detrás de las de él.

Tuve la dicha de conocer a Krishnamurti en Buenos Aires, cuando yo tenía doce o trece años.

Él había venido a dar una serie de tres conferencias y mi tía (la rara, para el resto de la familia) me había propuesto acompañarla a escuchar sus charlas.

Muchas cosas fueron inolvidables de esos encuentros.

Cada día el gran maestro hindú abría un espacio para el diálogo interactivo.

Cada día se repetía el mismo diálogo, entre él y quien hacía la primera pregunta:

Maestro... —empezaba a decir él o ella levantando la mano.

—Juddi —corregía Krishnamurti, instantáneamente.

—Mi pregunta, maestro... —parecía insistir el que preguntaba, creyendo que la corrección era sólo una forma.

—Yo no soy tu maestro —le aclaraba Krishnamurti, interrumpiendo la pregunta y con un tono muy suave, seguía—: tu maestro está en ti. Y si lo sigues buscando afuera, nunca lo encontrarás...

Un sabio puede ser muy molesto, sobre todo si no se conforma con ser un silencioso ermitaño que vive aislado en su cueva de la montaña, como sostiene la imagen mítica universalmente incorporada.

Sin embargo, la principal relación que liga al sabio con su entorno, es su amor y su genuino interés por los demás.

No lo anima su necesidad de trascender; él ha dejado atrás esa pretensión.

Si de él se tratara, podría quedarse en la cabaña para siempre, esperando su hora, pero su amor a la verdad y a la gente lo empujan a viajar, para seguir aprendiendo y para mostrar que la libertad es posible y liberar a otros.

Un sabio puede ser muy molesto repito, sobre todo si decide *vivir* entre la gente. Un sabio capaz de decir, llorar, reír, amar, cantar, bailar, y gritar; aunque de vez en cuando vuelva a su cueva en las montañas, buscando la compañía solitaria de sí mismo para recuperar su singularidad y captar la rareza de lo propio.

IDAS Y VUELTAS DE LOS QUE MÁS SABEN

Los que no somos sabios nos quedamos esperando siempre su regreso o añorando su presencia, mientras nos preguntamos si era necesario que se alejara de nosotros.

Cuatro maestros me dieron cuatro diferentes respuestas.

Cuatro maestros con cuatro razones para cuidar esos espacios de soledad.

Cuatro maestros... y cada uno me contó un cuento.

El primero me enseñó que era necesario ejercitarse en la no dependencia y que eso sólo era posible si se conquistaba el estado de no-confrontación.

Dos amigos se encuentran y uno le dice al otro:

—¡Oye, qué bien te veo...! Estás espléndido. ¡Cuánto me alegra!

—Sí, la verdad es que estoy muy bien... —contesta el otro.

—¡Pero si hasta pareces diez años más joven! —exclama el primero—; dime, ¿cuál es el secreto?

—No hay secreto —contesta el otro—, lo que sucede es que hace unos años tomé una decisión que cambió mi vida.

—Hombre... ¿Y cuál fue esa decisión, si se puede saber...?

—Nunca discuto con nadie. Por ninguna razón.

—¿Cómo que nunca discutes?

—No, jamás. Nunca discuto.

—¿Nunca?

—Nunca.

—¿Nunca, nunca? —insiste el primero.

—¡Nunca!

—Eso es imposible... —cuestiona el otro alzando apenas la voz.

—Sí, tienes razón, es imposible.

El segundo me enseñó que es necesario entrenarse en no querer ser el que sabe entre los que no saben.

Cruzando un río de China, inesperadamente un viajero reconoció en el barquero a Lao-Tse.

El propio Lao-Tse en persona.

—¿Qué haces aquí? —le preguntó intrigado—; tus discípulos te buscan por toda China para escuchar tu palabra sabia.

—Mi palabra, sabia o no, va conmigo a donde yo voy —contestó Lao-Tse—; entre mis discípulos, lo que digo tiene más valor porque lo ha dicho Lao-Tse que por lo dicho en sí mismo. Aquí, en cambio, la gente que viaja me escucha... Y cuando digo algo que le sirve a alguien, lo recuerda y lo usa como una herramienta útil. Además, cuando otro le pregunta: "¿Dónde has aprendido eso?", el hombre puede contestar: "Me lo dijo un día un barquero".

El tercero me advirtió del peligro de dejarse convencer por los que no soportan la libertad ajena, aunque a veces sean mayoría.

Un hombre llegó a un pueblo con un banquito. Colocándolo en la plaza, se subió a él y, altavoz en mano, empezó a hablar con determinación a la gente que pasaba. En su discurso les invitaba a disfrutar del amor, de la comunicación, a escucharse unos a otros. Casi doscientas personas lo aplaudieron cuando el disertante bajó de la improvisada tarima.

A la mañana siguiente, otra vez el disertador llegó a la plaza y, desde su banquito, habló para los transeúntes.

También esta vez más de un centenar de personas lo escuchó disertar sobre la comunicación y sobre el amor.

Cada día el hombre iba a la plaza y hablaba, cada vez más pasional y cada vez más claro y vehemente en su discurso. Sin embargo, por alguna razón, cada día menos gente se detenía a escucharlo. Hasta que, en efecto, el día decimocuarto nadie, pero absolutamente nadie fue a escucharlo. De cualquier modo, él hizo su habitual discurso, exactamente como si miles de personas atendieran sus palabras.

Y así continuó haciéndolo. Todos los días el hombre iba a la plaza y, subido al banquito, ya sin megáfono, hablaba apasionadamente sobre la importancia del amor y de escuchar al prójimo. La plaza, sin embargo, seguía desierta.

Una mañana, uno de los comerciantes de la zona se le acercó cariñosamente y le dijo:

—Disculpe, señor. Usted ha venido aquí a la plaza durante un mes. Al principio mucha gente lo escuchaba. Cada vez han ido viniendo menos personas, hasta que desde hace quince días nadie viene a escucharlo. ¿Para qué sigue hablando? Al principio yo podía entenderlo, pero ahora... Ahora, la verdad, ya no lo entiendo.

—Lo que pasa es que al principio yo hablaba para convencer a otros —dijo con entusiasmo el disertante—; hoy, en cambio, hablo para estar seguro de que ellos no me han convencido a mí.

El cuarto sugirió que era necesario protegerse de aquellos cuyo único triunfo sería conseguir que sus maestros pierdan el rumbo.

En un laboratorio de experimentación, dos grandes peceras llenas de cangrejos llaman la atención de un visitante que, claramente, ve que una de ellas tiene una tapa de vidrio mientras la otra permanece destapada.

En eso pasa por allí el científico. El visitante lo detiene:

—Disculpe que lo moleste.

—Sí, cómo no.

—¿Podría decirme por qué está tapada la pecera de la derecha?

El científico le contesta:

—Mire, es simple: sin la tapa los cangrejos escaparían.

Intrigado, el visitante no puede evitar la segunda pregunta:

—¿Y por qué no escapan los cangrejos de la otra pecera?...

Con paciencia de entendido, el investigador le explica:

—Los de la derecha son cangrejos de una especie muy desarrollada, y tarde o temprano descubren que subiéndose unos encima de otros pueden hacer una escalera por la cual todos puedan escapar del encierro, y así lo hacen.

—¿Y los de la otra pecera nunca lo descubren? —pregunta con ingenuidad el neófito.

—Claro que lo descubren —responde el experimentador—, pero estos cangrejos son muy poco evolucionados. Cuando la escalera está armada y el primer cangrejo trepa por ella, apenas llega al borde, alguno de sus compañeros lo tira para abajo para que no consiga escapar.

Aprendí después de escucharlos que esta actitud de retirada y retorno se repite a lo largo de la historia de cada hombre o mujer, se hayan vuelto sabios o no.

Aprendí a través de los cuentos, que de alguna manera éste es el destino del "Camino del héroe",[27] que es también el camino de cada persona como tú y como yo.

Marcharse es necesario para luego volver a transmitir lo aprendido, para volver a compartir la experiencia y, como dije, para despertar a los que siguen dormidos aunque disfruten de sus sueños.

LLEGAR A SER SABIO

Para conocer, agrega un poco cada día.
Para ser sabio, quita un poco cada día.

LAO-TSE

El ignorante, como ya hemos visto, se esfuerza y se esmera para demostrar su coherencia y preservar su conquistada seguridad, que depende de su identidad y de los logros de sus metas soñadas. Esta manera de ser se reactualiza cada vez que, consiguiendo cumplir alguno de los objetivos que le han impuesto, las vivas de los otros ignorantes le halagan confirmándole que se halla en el camino correcto. Sin embargo, el mayor refuerzo de que lo deseable es llegar a la meta prediseñada se debe a varias cosas.

Por un lado está el más que razonable goce del objetivo cumplido.

Por otro, el vanidoso placer de haberlo conseguido.

Y por último, y sobre todo, el alivio que le llega automáticamente al poder cancelar, por un momento, la pelea por arribar a una meta.

Y es sólo un pequeño instante porque apenas logra pasar y confirmar el camino, está obligado a buscar otra meta, diseñar un nuevo objetivo, encontrar una nueva zanahoria, hacerse una nueva promesa para el futuro, hallar algo que lo instale por un instante más, como en el pasado, en el mundo de los inquietos perseguidores del éxito.

La preocupación, la angustia y el temor son los precios a pagar en el tránsito, hasta acercarnos una vez más al próximo resultado positivo.

El hombre actual vive en gran medida invadido por este mismo esquema, buscando llenar su vida de cosas. Su patrimonio compuesto de cosas que no usa, su biblioteca llena de libros que no ha leído, sus cuentas bancarias con un dinero que no sabe si llegará a disfrutar, su cabeza sobrecargada de información y su mente llena de conocimientos y datos muchas veces inútiles que almacenamos y llevamos en la mochila de nuestro intelecto de aquí para allá. Evitamos estar vacíos, tenemos miedo al estado de quietud y silencio.

Buscamos llenar el silencio con palabras y la quietud con movimiento, pues no soportamos la idea de la nada y menos la idea de no poder llegar a nuestro "destino" de prosperidad.

El sabio, en cambio, no quiere llegar a ningún lugar y mucho menos llenarse de medallas.

EL SABIO BUSCA VACIARSE.

Un último ejercicio:

Encuentra al menos una hora cada día para sentarte en silencio y no hacer nada.

Completamente desocupado.

Y cuando sientas que quieres hacer algo, dedícate tan sólo a mirar lo que pasa en tu interior.

Al principio, si no estás acostumbrado a sólo mirar las cosas que hay dentro de ti, te sentirás un tanto confundido.

Un poco después quizá te sientas triste o con ganas de interrumpir este trabajo... y si no lo haces aparecerán cosas desagradables y todo tipo de agujeros negros.

Si aún sigues más allá conquistarás un espacio de sólo oscuridad, nada más... y sentirás la angustia de conectar con el vacío interno.

Si persistes, sólo si perseveras, llegará el momento en que todas esas angustias desaparecen y desde abajo aparece la paz.

La serenidad de los que no temen lo que pueden encontrar afuera porque no están asustados de lo que ven dentro, y por eso renuevan su decisión de ayudar a otros a conquistar esa misma paz, que muchos llamamos ser feliz. Luego de despertar, muchos sabios se sienten empujados a la misión de transformar el universo ayudando a otros a despertar.

Pero esto en general no es rimbombante, ni ensordecedor; a diferencia del buscador y del maestro-conocedor, el sabio habla poco y permanece en silencio mucho tiempo, aunque esté rodeado de una multitud. Al sentirse uno con todos, es innecesario llenar el contacto de excesivas palabras.

ANCLADO AL AYER, ANCLADO AL MAÑANA

Mientras vivimos intentando dejar atrás el pasado no estamos realmente libres de él. Conservamos todavía algunos rencores, algunas quejas y algunas heridas. Durante los años que vivimos en La Ignorancia sólo podíamos disfrutar de lo conocido, porque únicamente en ese contacto nos sentíamos seguros; dependíamos del pasado y de todo lo conseguido en el pasado del pasado.

Como buscadores empezamos a liberarnos de él pero todavía le tenemos miedo; quizá está demasiado cerca, quizá temamos que vuelva.

El conocedor sabe que sus obligaciones y compromisos han desaparecido, pero todavía lo ata estar sorprendido y orgulloso de eso. El conocedor puede ser un revolucionario y querer cambiarlo todo.

El sabio vive de instante en instante y acepta que todo cambie empezando por sí mismo.

Aquello que le depara la vida lo enfrenta con una conciencia fresca y no con una experiencia pasada.

Esta vieja parábola china llamada "El bote vacío" quizá nos acerque a una mayor comprensión...

Tienes tu bote amarrado en el muelle y ves a tu vecino que vuelve de pescar en el río.

Él se halla remando de espaldas a la costa y no ve que dirige su barco en dirección al tuyo.

244 EL CAMINO DE LA SABIDURÍA

Le gritas, pero no te escucha.

La proa de su bote va directo a tu pequeño barco.

Gritas, golpeas el muelle, aplaudes...

Pero no hay caso...

Finalmente, su bote choca con el tuyo y daña considerablemente la pintura y la madera de proa.

Te enojas, lo insultas, le reclamas, quisieras pegarle...

Al día siguiente mientras estás otra vez mirando el río notas que la corriente ha soltado la amarra del bote de tu otro vecino y lo empuja corriente abajo en tu dirección.

Otra vez miras tu bote amarrado en tu muelle.

Tratas de tomar un madero para evitar el choque, pero no lo consigues.

Finalmente el bote también hoy, choca con el tuyo.

El daño en tu bote es el mismo que el del día anterior...

Pero esta vez no insultas a nadie, casi no te enojas, no quieres pegarle a nadie...

La primera clara conclusión que podemos sacar es que la primera vez no te enojaste por el golpe, te enojaste porque había alguien en el bote con quién enojarse. Si el primer bote también hubiera estado vacío, te habrías ahorrado incluso ese enojo.

Con este descubrimiento a cuestas, el razonamiento que nos sigue es:

Si alguien te insulta, te enojas. ¿Con quién? ¿Por qué?

La verdad es que el insulto siempre recrea otros insultos.

Recuerdas a todos los que te han insultado alguna vez.

Y te enojas más.

Pero ¿con quién? ¿Para qué?

La próxima vez estate en silencio. Sé consciente.

El enfado mira siempre a través del pasado. Renueva frustraciones y reaviva antiguas luchas contra la impotencia.

CANCELA TU DEPENDENCIA DEL PASADO Y NO TE ENOJES. SI
LO HACES, RECIBIRÁS DE REGALO UN PREMIO NO BUSCADO.
LIBERANDO TU PASADO TAMBIÉN DESAPARECEN TUS
MIEDOS, PORQUE ELLOS DEPENDEN DE ÉL.

Un relato mitológico...

Reinaba en Siracusa el astuto Dionisio, un rey tan poderoso como temido, tan adulado como odiado, tan envidiado como criticado.

Dionisio tenía un vasallo y cortesano, el envidioso Damocles.

Se dedicaba particularmente Damocles a pronunciar delante de Dionisio largos discursos acerca de la felicidad de los monarcas y de lo que él daría por llegar a ocupar en alguna vida futura un lugar parecido al que el rey tenía en ese momento.

Cansado ya Dionisio, y deseando corregir a su cortesano, hizo un gran banquete y ordenó a Damocles que ocupara el lugar del rey.

Vestido con ropas reales como si fuera el verdadero monarca, Damocles se sentía orgulloso de tanto honor.

No podía creer que un golpe de suerte le permitiese por unos momentos cumplir su sueño.

"Pero ¿por qué conformarse con sólo unos momentos?", pensó.

El rey le había cedido el cargo. Había ordenado que se le obedeciera en todo lo que pidiera, como si fuera él mismo. Poco costaría hablar con el jefe de la guardia y pedirle que el anterior rey desapareciera... definitivamente.

En eso estaba, cuando sus ahora sirvientes le avisaron que la comida estaba servida.

Planeando hablar con el jefe de la guardia durante la cena, Damocles se sentó en su trono, frente a la mesa llena de los manjares más exóticos.

Quién sabe por qué en lo mejor del banquete, Damocles levantó la vista sobre su cabeza.

¡Allí la vio!

Una espada filosa y aguda pendía precisamente sobre su cabeza, sostenida apenas por un delgado hilo bastante débil que parecía que de un momento a otro podía romperse. Muy despacio, casi sin respirar Damocles se levantó de la silla real y caminó hacia el centro del salón. Cuál no sería la sorpresa al ver que la espada se desplazaba junto con él y su punta apuntaba irremediablemente a su coronilla.

Damocles se lleno de terror y decidió no moverse, temía que el mínimo desplazamiento de su cabeza ayudara a que el delgado hilo que sostenía la espada se cortara.

El recién nombrado rey rompió a llorar llamando a gritos a Dionisio suplicándole que lo ayudara.

—¿Qué es lo que pasa? —preguntó Dionisio.

—Mira —dijo Damocles, señalando hacia arriba moviendo el dedo con mucha suavidad.

—¿La espada?... Ah, siempre está ahí. Creí que me había acostumbrado a ella pero he disfrutado tanto de estas horas, que planeo dejarte a cargo para siempre... Tú querías tanto ser el rey.

—No, Alteza. Era sólo una fantasía. Por favor, déjame sacarme la corona y retirarme de aquí... Por favor...

El rey aceptó que Damocles abdicara, pero lo hizo con la condición de que de allí en adelante no volviera a importunarlo con sus comentarios de lo que querría ser en sus próximas vidas.

El sabio no pretende nada: ni ser bueno, ni ser fuerte, ni ser dócil, ni ser rebelde, ni ser contradictorio, ni ser coherente... Sólo quiere ser quien es. Y ese único deseo, el de querer ser, es la esencia de la fascinación que nos producen su ingenuidad y su frescura. La idea oriental del sabio pensado como un niño que ríe, nos convoca a pensar en la más que deseada combinación de inocencia y absoluta libertad.

UN POCO MÁS SOBRE EL SÍ Y EL NO

Como bien lo explica la profesora Cavallé en su estudio sobre Nietzsche, el ignorante (el camello en su metáfora) dice Sí porque es lo único que le han enseñado. Es incapaz de negarse a lo que le piden, porque eso sería una amenaza a su reconocimiento que, como vimos, sólo proviene de ser socialmente adecuado y obediente.

El buscador, en cambio, ha aprendido que puede y a veces siente que debe decir que No. Lo hace cuando No quiere y también por el solo hecho de afirmar su rebeldía. Un buscador necesita demostrar (y recordarse) que se ha liberado de su cárcel, necesita todavía diferenciarse de su pasada ignorancia (de alguna manera hasta es lógico pensar que diga que No aunque sólo fuera por eso).

El conocedor está menos condicionado. Él contesta Sí o No cada vez que su conocimiento le dice que ésa es la verdad. Ningún miedo lo frena para dar su honesta opinión y ningún desacuerdo del afuera consigue cambiar su decisión. Su respuesta sólo cambia cuando la verdad cambia o cuando su honesta percepción de ella se modifica.

Un hombre conduce su automóvil por la ciudad. Antes de llegar a la bocacalle donde debe girar presiona la palanca de la luz intermitente para marcar la vuelta a la derecha. En el tablero no aparece ninguna señal de su funcionamiento.

El hombre le dice a su acompañante:

—Por favor, asoma la cabeza y dime si funciona la luz.

Éste saca la cabeza por la ventanilla, mira hacia atrás y contesta:

—Ahora sí... Ahora no... Ahora sí... Ahora no... Ahora sí... Ahora no...

Al que ha llegado a la sabiduría le pasan cosas muy distintas.

El sabio dice Sí... porque sí y dice que No porque no, pero no pretende ni busca demostrar nada con sus respuestas. Él sabe que su

Sí nunca es excluyente y podría volverse un No en cualquier momento, aun en coexistencia con su Sí.

El sabio asume la poca importancia que tiene su opinión y lo relativo de todas las opiniones.

En todo caso y en el chiste de la luz intermitente, un sabio pensaría ¿por qué me lo pregunta a mí? Y luego seguramente miraría hacia atrás y diría algo así como:

—No lo sé. ¿Qué significa para ti "funciona"?

Cuando se trasciende la necesidad de estar detenido solamente en un polo, cuando se puede ver la perspectiva del tiempo, cuando se admite que cada cosa puede ser diferente según el lugar desde donde se mire, entonces se deja de decir que Sí a todo y que No a todo.

Posiblemente cuando ya no necesitemos embanderarnos detrás de ninguna ideología, escuela o ciencia que le dé sustento a nuestra palabra, ni palabras a nuestro discurso; cuando seamos capaces de simplemente estar sin condiciones y de ser conscientes de nosotros y de nuestro entorno... entonces... habremos despertado.

EL TRASPASO DE SABER

EL SABIO ES TAL NO PORQUE SEA VIEJO, SINO POR
HABER VISTO MUCHAS COSAS; POR HABER SABOREADO
EXPERIENCIAS, POR HABERLAS VIVIDO.

Por eso es muy difícil —debiera decir imposible— encontrar jóvenes sabios.

Conocedores tal vez, también maestros o genios, pero como sólo se puede saborear, gustar y vivir experiencias con el paso de los años, la edad es condición necesaria de la sabiduría.

NO HAY OTRA FORMA, SÓLO UN HOMBRE DE EDAD
AVANZADA PUEDE SER SABIO.

(Lo que, lamentablemente, no quiere decir que sea suficiente con envejecer para llegar a ser sabio.)

Un sabio puede no ser un erudito, porque la sabiduría no tiene nada que ver con la erudición. Jesús no fue un hombre de intelecto, Buda tampoco. El punto no es encontrarse con la línea de pensamiento acertada. La sabiduría parte de la duda. La sabiduría nunca está segura. Por eso nunca puede ajustarse a ninguna teoría.

Si las ideas son cambiantes e inestables, si la percepción del mundo se modifica aun en aquellos casos en los que la realidad permanece, cuánto más difícil será para el sabio transmitir su pensamiento.

Lao-Tse usó el idioma del sabio. Nadie lo entendió, y quizá por eso —aclara Osho— no fue asesinado.[28] Lao-Tse murió de viejo, sosteniendo una y otra vez que el maestro no proporciona conocimiento; siempre hay que tomarlo de él. El sabio sólo está ahí, abierto. Se puede aprender de él, pero no enseñará nada.

Decía Lao-Tse:

El que sabe no habla. El que habla no sabe.

Diría yo:

El que sabe mucho no habla y el que habla mucho no sabe.

(Y dejaría que cada uno ponga las comas después o antes de "mucho", según lo desee...)

En China se dice que se aprende del maestro mucho más estando con él que escuchando sus palabras. Las clases de las grandes escuelas filosóficas del Lejano Oriente eran caminatas al lado del hombre sabio, en las que nadie decía una palabra, nadie hacía un comentario, nadie "aprovechaba" para hacer ninguna pregunta.

A este "caminar al lado" del maestro se le llama en Oriente *satsan*.

Existe una historia, me la contaron hace muchos años; dicen que es verdadera y, aunque no lo haya sido, me encanta pensar en ella como un evento realmente sucedido.

Lao-Tse, quizá el más grande sabio jamás nacido, supo una mañana que debía partir.

Se acercaba su final y él quería morir en el Tibet, en la soledad de las montañas.

Esa tarde, por primera vez en semanas, habló con sus discípulos y les avisó que partiría. Ellos, que lo amaban, le pidieron que se quedara, que les permitiera atenderlo hasta su último día, que no los privara de su presencia iluminadora.

Lao-Tse contestó lacónicamente:

—No.

Al amanecer, cargando unas pocas cosas, empezó su larga y última peregrinación. Algunos de sus discípulos lo siguieron en silencio durante horas y horas, pero cuando vieron que el maestro decididamente los ignoraba, comprendieron que debían regresar...

Entrar o salir de China representaba, en aquel entonces como ahora, atravesar la muralla, la Gran Muralla china.

Al pasar por la puerta del norte, el guardia de control lo reconoció y lo detuvo.

—Lao-Tse, ¿adónde vas? —le preguntó.

—Se aproxima mi hora —contestó el sabio— y he preferido dejar mi cuerpo en las montañas.

—Supongo que habrás dejado por escrito todo lo que sabes —dijo el guardia—; son muchos los que, como yo, hemos escuchado de ti pero nunca fuimos a escucharte. ¿A quién le has dejado esas instrucciones para todos los que nunca hemos podido aprender de tu propia presencia?

—La palabra escrita —dijo el anciano— difícilmente ayude a nadie a descubrir la verdad.

El soldado se sorprendió de la respuesta y, aprovechándose del poder que le daba su posición, le informó que podía decir lo que quisiera pero que no lo dejaría pasar hasta que escribiera su sabiduría en un libro.

—Sin este requisito —le aseguró— no te dejaré salir de China.

Lao-Tse se resistió durante horas, pero finalmente se dio cuenta de que ese hombre jamás cambiaría de parecer.

Cuenta la historia que, al oscurecer, en una sola noche, Lao-Tse escribió el *Tao Te King*. El famoso *Tao*.

El *Tao Te King* comienza con una frase.

Primeras palabras del *Tao*, que podríamos traducir así:

> Todo lo que puede decirse de la verdad...
> no es totalmente verdadero.

Notas

PRÓLOGO

1 La serie Hojas de Ruta está compuesta por los títulos *El camino de la autodependencia, El camino de las lágrimas, El camino del encuentro* y *El camino de la felicidad*, publicados en México por Editorial Océano.

2 *Cartas para Claudia*, Océano, México, 2005 (segunda edición).

INTRODUCCIÓN

3 Tratamientos que, en el mejor de los casos, sólo pueden ayudar a perder un poco de líquido o bajar una talla de manera transitoria pero que difícilmente conseguirán ayudarnos a perder de manera definitiva los kilos que nos sobran.

4 Pensar que una distorsión (la neurosis) que padece el noventa y cinco por ciento más sano de la población es una enfermedad, deja en un lugar demasiado complicado a la definición de salud.

Un poco de historia

[5] Fritjof Capra, *El Tao de la física*, Luis Cárcamo, Buenos Aires, 1984.

[6] En el sentido que le da Alfred Korzybski.

[7] Relatado por Lyall Watson en *Lifetide*, Sceptre, London, 1987.

[8] *La física cuántica*, Kairós, Barcelona, 1990.

El hombre y sus mitos

[9] ¿A quién se le ocurriría prohibir algo que no fuera tentador? ¿Qué sentido tendría? No hay carteles que digan, por ejemplo: "Prohibido apretarse los dedos con la puerta".

El ignorante

[10] Según lo cita Antoine de Saint-Exupéry, en el maravilloso prólogo a *El Pricipito*.

[11] ¡Cuidado!, esto no quiere decir que obedecer o confiar sea exclusivo de los ignorantes.

[12] Sólo recordar la cárcel tristemente diseñada con el nombre de El Panóptico me hace temblar.

[13] Cualquier parecido con alguna situación publicada en los periódicos de los últimos veinte años no es lamentablemente un mera coincidencia.

[14] Justicia" quiere decir "a cada cual lo que le corresponda".

El buscador

[15] Como proponen la mayoría de las sectas y no pocas ideologías fundamentalistas.

[16] Aunque existen, claro, excepciones evidentes. Aquellas situaciones en las que una profunda experiencia desagradable sólo nos deja miedo, no son de buen aprendizaje.

[17] Algunos sostienen que esa posibilidad siempre está allí... yo no lo creo, aunque sé que un buscador puede volverse un necio y actuar de forma muy similar a como lo haría un ignorante.

[18] *Espurio* es, quizá, una de las palabras más duras que conozco: significa literalmente "que la muerte se lo va a llevar".

[19] Y hasta la muerte misma parece, para los iluminados, sabios de Oriente, una ficción, que sólo sucede en el exterior, porque la vida interior es eterna.

[20] Osho, *El libro de la sabiduría*, p. 43 y otras. (Véase Bibliografía.)

LOS CAMINOS EQUIVOCADOS

[21] Esta frase me recuerda a alguien, aunque no consigo precisar.

EL MAESTRO

[22] "La edad de la crítica", como la llama Immanuel Kant.

[23] Todavía hoy en las provincias más distantes de las capitales de Latinoamérica, el maestro no sólo es consultado sobre educación, sino que muchas veces se requiere su opinión en temas familiares, médicos, sociales, institucionales y hasta económicos.

[24] Dicho de otra forma, da a luz contenidos intrapsíquicos que no eran del todo conscientes.

LA SABIDURÍA

[25] Osho, *El libro de la sabiduría*, op. cit., p. 152.

[26] De *mostrar* viene la palabra *maestro*.

27 Nombre con el que se conoce la historia clásica iniciática de todos los grandes personajes de la literatura y de la historia, de
todos los hombres y mujeres reales y trascendentes de la historia, de la épica, de la religión y de la mística. Incluidos Moisés,
Mahoma o Jesús.

28 Como Jesús, como Sócrates y como otros que murieron por el
enojo de la mayoría, que no podía aceptar lo que decían.

Bibliografía

Aristóteles, *Metafísica*, Gredos, Madrid, 1982.

Barylko, Jaime, *Qué significa pensar*, Aguilar, Buenos Aires, 2001.

———, *La filosofía*, Planeta, Buenos Aires, 1997.

———, *Educar en valores*, Ameghino, Buenos Aires, 1999.

Bhagavad Gita, Etnos, Madrid, 1997 (anónimo hindú).

Capra, Fritiof, *El Tao de la física*, Luis Cárcamo, Buenos Aires, 1984.

Cavallé, Mónica, *La sabiduría recobrada*, Oberon, Madrid, 2002.

Chuang Tzú, *Chuang Tzú*, Monte Ávila, Caracas, 1991.

Dostoievski, Fedor, *Crimen y castigo*, Círculo de Lectores, Buenos Aires, 1977.

Einstein, Albert, *Mi visión del mundo*, Hyspamérica, Buenos Aires, 1988.

Emerson, Ralph Waldo, *Essays & Lectures*, The Library of America, New York, 1983.

Ferguson, Marilyn, *La conspiración de Acuario*, Kairós, Barcelona, 1980.

Foucault, Michel, *Vigilar y castigar*, Siglo XXI, Buenos Aires, 1989.

Frankl, Viktor, *El hombre en busca de sentido*, Herder, Barcelona, 1985.

Freud, Sigmund, "El malestar en la cultura", en *Obras completas*, t. XXI, Amorrortu, Buenos Aires, 2001.

———, "Tótem y tabú", en *Obras completas*, t. XIII, Amorrortu, Buenos Aires, 2000.

———, "Moisés y la religión monoteísta", en *Obras completas*, t. XXIII, Amorrortu, Buenos Aires, 2001.

Fromm, Erich, *El miedo a la libertad*, Paidós, Buenos Aires, 1971.

———, *Psicoanálisis de la sociedad contemporánea*, Fondo de Cultura Económica, México, 1960.

Grof, Stanislav, *Sabiduría antigua y ciencia moderna*, Cuatro Vientos, Santiago de Chile, 1991.

Hesse, Hermann, *Demian*, Argonauta, Buenos Aires, 1975.

Homero, *Odisea*, Atlántida, Buenos Aires, 1993.

Huxley, Aldous, *La filosofía perenne*, Edhasa, Madrid, 1992.

Kierkegaard, Søren, *Mi punto de vista*, Aguilar, Madrid, 1988.

Krishnamurti, Jiddu, *Autobiografía*, Edaf, Madrid, 1996.

———, *La libertad primera y última*, Edhasa, Barcelona, 1979.

Kybalion, El, Luis Cárcamo, Madrid, 1978 (estudio de la filosofía hermética).

Lao-Tse, *Tao Te King*, RBA Libros, Madrid, 1983.

Mariscal, Enrique, *El arte de navegar por la vida*, Serendipidad, Buenos Aires, 1994.

Marco Aurelio, *Meditaciones*, Alianza, Madrid, 1999.

Nietzsche, Friedrich, *Así habló Zaratustra*, Alianza, Madrid, 1997.

———, *Más allá del bien y del mal*, Orbis, Madrid, 1983.

Orwell, George, *Rebelión en la granja*, Kraft, Buenos Aires, 1956.

Osho, *Los tres tesoros del Tao*, Kier, Buenos Aires, 1985.

———, *El libro de la sabiduría*, Gaia, Madrid, 2002.

———, *Risa, amor y muerte*, Gaia, Madrid, 2002.

———, *El bote vacío*, Gulaab, Barcelona 1996.

Platón, *Obras completas*, Aguilar, Madrid, 1982.

Shakespeare, William, *Macbeth*, Losada, Buenos Aires, 1995.

Skinner, Burrhus F., *Walden Two*, Allyn & Bacon, New York, 1976.

Thoreau, Henry David, *Walden*, Parsifal Ediciones, Barcelona, 1989.

Upanishads, Siruela, Madrid, 1995.

Watts, Alan, *Mito y ritual en el cristianismo*, Kairós, Barcelona, 1997.

——— et al., *Mitos, sueños y religión*, Kairós, Barcelona, 2000.

Weil, Simone, "La persona y lo sagrado", en *Confines*, núm. 2, Buenos Aires, noviembre de 1995.

Un reconocimiento especial para Osho International Foundation por su autorización en los dichos de Osho de las páginas anteriores, así como por su desinteresado acompañamiento en mi a veces irreverente desarrollo de las ideas del maestro.

Esta obra se imprimió y encuadernó
en el mes de mayo de 2019,
en los talleres de Impregráfica Digital, S.A. de C.V.,
Av. Coyoacán 100–D, Col. Del Valle Norte,
C.P. 03103, Benito Juárez, Ciudad de México.